認知症に やさしい 環境デザイン

C・カニンガム＋M・マーシャル(他)――**編**
Cunningham C, Marshall M, et al

井上 裕――**訳**
Yutaka Inoue

施設設計のチェックリスト

Design for
People with Dementia:
Audit Tool

鹿島出版会

DESIGN FOR PEOPLE WITH DEMENTIA: Audit Tool

by Cunningham C, Marshall M, et al (2008)

Copyright © University of Stirling 2011

Dementia-friendly neighbourhoods—a step in the right direction

by Lynne Mitchell and Elizabeth Burton

in DESIGNING OUTDOOR SPACES FOR PEOPLE WITH DEMENTIA

edited by Annie Pollock and Mary Marshall

Japanese translation published by arrangement with

Dementia Services Development Centre through

The English Agency (Japan) Ltd.

This publication forms part of a suite of materials produced by the Dementia Services Development Centre (DSDC) at the University of Stirling. This is a translation of the English version of the Dementia Design Audit tool first published June 2008, second edition August 2011 and reprinted (in English) in August 2012. The DSDC at the University of Stirling have not reviewed this translation for any linguistic or cultural nuances which may occur during the translation process. This is the responsibility of the publisher.

目次

本書の構成について　　井上 裕 ……………………………………………………………5

第Ⅰ部　認知症のための建築デザイン　チェックリスト …………………………9

　　　　建築デザインによって補完すべき認知症による障害　10
　　　　チェックリストがカバーしている項目　11

　　　　1.　入り口、廊下、導線案内、エレベータ　14
　　　　2.　ラウンジ・エリア　21
　　　　3.　食事室　25
　　　　4.　意味のある仕事や活動　29
　　　　5.　診察室　31
　　　　6.　美容室　34
　　　　7.　寝室　36
　　　　8.　寝室に付属する洗面・トイレ（風呂・シャワー）室　41
　　　　9.　共用のトイレ・バスルーム　46
　　　　10.　屋外エリア　51
　　　　11.　一般的な原則　59

第Ⅱ部　屋外環境のデザイン──認知症にやさしい近隣地域：正しい方向への一歩
　　　　………………………………………………………………………………61

　　　　なぜ認知症にやさしい地域でなければならないのか？　62
　　　　研究協力者たちは、近隣地域をどのように使い、経験していたのか　63
　　　　認知症にやさしい地域をデザインする　63
　　　　認知症にやさしい近隣地域をつくる　71
　　　　　　どこで？いつ？／　すべてか、無か？／　6つの原則に立ち返る／　すべてをまとめる／
　　　　　　生活全体のための継ぎ目のないデザイン／　まとめ
　　　　参考文献　75

第Ⅲ部　チェックリストづくりの根拠となった研究——認知症の人たちのための物的
　　　デザインに関する実証文献レビュー：研究を実践に移す……………………………77

　　　はじめに　81
　　　文献をこのレビューで取り上げるにあたって考慮した条件　82
　　　レビュー対象とした文献の検索方法　83
　　　研究の実証性についての評価　83

　　　小規模　85 ／　住宅風で、家庭的　89 ／　普段の活動の機会　94 ／　安全性への配
　　　慮　96 ／　部屋の機能の違いに対応した、親しみやすい調度や家具　98 ／　戸外の
　　　スペース　99 ／　十分な広さがある１人部屋　101 ／　わかりやすい案内サインと複
　　　数の目印　102 ／　道案内に使うのは色ではなく物　104 ／　見通しをよくすること
　　　105 ／　刺激のコントロール　106 ／　その他の研究、およびそれらがマーシャルの提
　　　言体系について意味するもの　111

　　　要約　114
　　　既存研究の限界　115
　　　既存研究に欠けているもの　116
　　　結論　119
　　　付録：実証性の評価ツール　124
　　　引用文献　125

訳者解説：スコットランドで見学したケアホームについて…………………………………132
訳者あとがき………………………………………………………………………………………141

＊本文中の［　　　］は訳者註をあらわす

本書の構成について──井上 裕

この本は、認知症のための環境デザインについて、すぐれた建物のデザイン、および地域のデザインはどうあるべきかという視点に立って、イギリス・スコットランドのスターリング大学（University of Stirling）の認知症サービス開発センター（Dementia Services Development Centre: DSDC）が出版している"Dementia Design Audit Tool"（認知症デザインの鑑査ツール）の改訂版、および"Designing Outdoor Spaces for People with Dementia"（認知症の人びとのための戸外空間のデザイン）の第7章を、翻訳し、合本したものである。なお、スターリング大学のDSDCは、認知症についてのデザイン分野の研究において国際的にも高い評価を得ている組織であることを付記しておきたい。

　鑑査ツールは、認知症の人びとのための優れた施設環境デザインを広く普及していくことを目的として、DSDCが優れた施設デザインに対して金・銀・銅の称号を授与すべく、既存施設や改修・新設された施設の鑑査にあたって、デザインの良否を最新の知見にもとづいて判断し採点するための詳しいチェックリストを主体とした、3冊の冊子で構成されている。
　1冊目の冊子は建物の各部分別にチェック項目を列挙したうえで、それぞれの項目についてチェックすべき視点を簡潔に記載したものであり、メインの部分である。これが本書の第Ⅰ部「認知症のための建築デザイン　チェックリスト」である。なお、この1冊目の冊子のチェックリストに先立つまえがきの部分は、実際に施設のデザイン鑑査を行う目的のもとに書かれているため、本書では適宜省略していることをお断りしておく。第Ⅰ部のチェックリストは、認知症の人びとのための介護施設や病棟、デイケア施設などさまざまな施設に応用可能である。
　また、2冊目の冊子は1冊目のコピーであり、違いは、実際の鑑査にあたって鑑査者が各項目にメモ書きできるように、チェックすべき視点を記載した部分を空白にしただけのものであるため、本書では省いている。
　3冊目は、認知症の人びとのためによいとされているデザインの特徴が、本当に効果があるというエビデンスをもっているのかを判断すべく、認知症の人のための物的環境を扱った実証研究を世界的に渉猟したうえで、メタ分析を行ったオーストラリアの研究者による文献レビューを転載したものである。この文献レビューは、さまざまな研究と、その統計処理の方法などについても、簡潔に紹介しているだけでなく、やや専門的な内容を含んだ参考資料という位置づけのものであることから、本書では、最後の第Ⅲ部「チェックリストづくりの根拠となった研究」においた。

　認知症にやさしい近隣地域の環境について扱った、『認知症の人びとのための戸外空間のデザイン』の第7章部分「認知症にやさしい近隣地域：正しい方向への一歩」は、本書の第Ⅱ部「屋外環境のデザイン」においた。このテーマは新しい研究分野であり、とくにイギリスと日本の環境には、気候や文化的な差異に加えて、都市整備の蓄積や制度慣行面など、容易には参考にしにくい点もあろう。しかし、認知症のための環境デザインは、施設や建物に限られるわけではない。地域環境をいかに認知症の人びとに向けて整備していくかという課題は、わが国が新オレンジプ

ランとして現在まさに推進しようとしているものでもあり、本書に含めることにしたものである。

　本書の第Ⅱ部の「認知症にやさしい近隣地域：正しい方向への一歩」の著者はリン・ミッチェル（Lynne Mitchell）とエリザベス・バートン（Elizabeth Burton）の2名である。リン・ミッチェルはこの文章の執筆当時、イギリス・ウォーリック大学（University of Warwick）の保健・社会科学スクールの上級研究フェローであり、都市計画プランナーの資格をもって、持続可能な環境における福利の研究にあたる研究ユニットの創設にあたった1人である。エリザベス・バートンは、同じくウォーリック大学の持続的な建築デザインと福利に関する教授職にあり、上記研究ユニットの創設者で所長であり、建築士の資格をもつアーバン・デザイナーであったが、残念ながら数年前に病気になり最近他界したと聞いている。

　なお、この第Ⅱ部の内容は、2006年に出版された"Inclusive Urban Design"（すべての人のための都市デザイン）にすでにまとめられていたものを、後に要約したものであることを申し添えておきたい。この研究は、軽度〜中程度の認知症（ミニメンタルステート検査の点数8〜20）の20名を含む、60歳以上の歩行可能な高齢者を対象に、一緒に町を歩きながら、彼らの様子を観察し、その時に話された意見や訴えなどを聞きとっていくという、認知症の当事者が研究に参加するという形で行われた、当時においては画期的な手法で行われたものである。その後、バートン教授が病気になり亡くなったが、2人が見出した認知症にやさしい町のデザインについての考え方は、現在もほぼそのまま踏襲されていることを、この分野の専門家であるスターリング大学社会学部の上級講師であるリチャード・ウォード博士から聞いている。その後の新たな知見は、認知症の人には自然が重要であるという研究が加わったことくらいだとのことであり、ウォード博士は自分の授業においても、本書の第Ⅱ部の内容をほぼそのまま教えているとのことであった。

〈翻訳において省略している部分などについての補足〉
本書の第Ⅰ部のチェックリストは、すぐれた認知症のための施設デザインを普及させるべく、すぐれたデザインを金・銀・銅として表彰するための評価を行うための、鑑査ツールとしてつくられたものである。したがって、このチェックリストには部屋ごとに重複した項目が含まれていることを断っておきたい。また、最新の研究知見によって、将来的に（ちなみに過去3年間の訂正は1項目だけであるが）改訂される可能性があることも断っておく。なお、本書の第Ⅲ部における実証研究の文献レビューも、新たな研究が進んだ段階で改訂される予定となっている。

　しかしながら、この翻訳本の第Ⅰ部は、既存施設のデザインを鑑査するためというよりも、施設の計画や設計にあたって、認知症ケアについての最新の知見にもとづいたチェックリストとして役立ててもらいたいというのが本出版の趣旨である。とはいえ読者のなかには、このチェックリストを利用して既存の施設を評価採点してみたいと考える人もいるかも知れない。そのような評価にあたっての問題は、評価者がバイアスをもたずにどこまで中立的な立場で評価できるか、という点であり、できることならば評価対象の施設の企画・運営・設計などに関与していない評価者が行うことが求められていることを注意しておきたい。また、評価の客観性を担保するために、常に2人体制で行うことが求められてもいる。なお、正式にDSDCから金・銀・銅の称号の認可を受けるためには、DSDCから派遣される2人の鑑査者（1人は建築家）による評価が必要だとされていることを付記しておく。

施設によっては、このチェックリストの項目が（たとえば、病院の救急病棟においては食堂など）不適切な場合もあり得る。このような場合は、評価を行うことなく無視してもらいたい。また、このチェックリストの項目には、たとえば北欧諸国の認知症のためのホームなどでは必ずしも設けられていない、さまざまな活動やセラピーのための部屋や、診察室・美容室といった英国のホームのほとんどに付属している部屋が含まれていることにも注意しておきたい。さらに、欧米では家の中心として位置づけられる、ゆったりとした椅子に座って寛ぐことができるラウンジ空間が、日本の家ではそれほどまでには重視されていないという住文化の違いも、このチェックリストを日本の施設のデザインを評価するにあたって適用する際には、考慮に入れておくべきかもしれない。

　評価における点数づけは、基準を満たしていると評価したものには1点、満たしていなければ0点となる。評価を行う場合には各基準を満たしているか否かを判断し、採点にあたっては、評価者が（その根拠を説明できるように）コメントを書き入れておくことが望まれる（なお、コメント記入用の空欄は、本書では省いている）。また、写真を撮っておくことも役立つ。

　各チェックリストの項目において必と記したものは、必ず満たすべきとされている項目である。これは実証研究や専門研究者の意見にもとづいたものであり、鑑査の認定を受けるためには、必の基準は100％満たしていなければならない。

　要と記したものは、要望される（あるいは推奨される）項目である。これらの項目もまた、現在のエビデンスや国際的な考え方にもとづいたものである。

　これら必・要の基準を満たしているか否かの判断は、経験を積んだDSDCの鑑査者と施設運営者との間でも協議すべき点が生じることがあるようであり、DSDCの鑑査者によらずに日本の施設にこのチェックリストを適用するには、判断にあたって苦慮する点があろうことは予想されるが、参考までに金・銀・銅の称号授与の基準を示せば、必の項目をすべて満たした上で、以下の通りとされている。

金（90％以上）：認知症の人びとのためのすぐれたデザイン
銀（75〜89％）：認知症の人びとのための良いデザイン
銅（60〜74％）：認知症の人びとのために可とされるデザイン

第 I 部

認知症のための
建築デザイン

チェックリスト

建築デザインによって補完すべき認知症による障害

認知症の人びとの多くは高齢であり、普通の高齢者と同じような、高齢にともなう障害を抱えていることが多い。それらは視力の障害、聴力の障害、動作の障害である。彼らが認知症を抱えているということは、感覚に障害があることを失念しがちであることを意味しており、何かをしようとしてもできないということが起こりがちだということでもある。たとえば、目に加齢黄斑変性を生じていて、3次元的な奥行きがわかりにくくなっているにもかかわらず、こうした障害があることを理解していない、といったことがある。カーペットの色の変化が段差と認識され、立ち止まって用心深く足を踏み出そうとして、逆に転んでしまったりする。詳しくは他の資料などにゆだねなければならないが、以下に、ごく基本的なものだけを述べておきたい。

視力　視力や、色の違いの認識力（高齢者の多くにとっては、色そのものよりも色の違いがわかることが重要になる）を助けるため、また3次元がわからなくなるため、明るさが必要になる
聴力　耳で聴き取り、周りの状況がわかるためには、静かな環境が必要。高音を聞く能力が落ちて低音に敏感になったり、ある種の音が耳障りだったり、うるさかったり、過剰の騒音があると、認知症の人は、本来よりも認知力が低下してしまったように見られがちになる
認知症による基本的な障害　記憶の障害、学習の障害、理解の障害、高いストレス・レベル、高齢にともなう感覚障害や運動障害への適応が困難になる。最近の記憶が昔の記憶に比べて通常悪くなっているので、よく覚えている頃の過去につながるデザインがしばしば助けになる

　こうした障害に配慮した環境を提供できないならば、認知症の人たちに不必要な無能力感を味わわせてしまうことになる。非難されるべきは、認知症の人たちの無能力にあるのではなく、彼らを混乱させてしまうような敵対的な環境の方なのである。自分で対処できないということは、自尊心や自信を傷つけてしまうことになる。このことは、認知症にやさしい環境づくりが、なぜ薬理学に頼らない介入手段になるかということの理由である。

注意：認知症の人びとのための建築デザインのチェックリストを使うためには、認知症への理解と認知症の人びとが抱えている特別なニーズをよく理解することが必要である。

チェックリストの基本になっている想定と価値観
建築には遵守すべき基準があるので、建築計画の初期の段階から地方当局の責任者との対話関係をもつことが非常に重要となる。たとえば、地方の規制について関わる機会があれば積極的に参加し、認知症の人たちのニーズについての理解と配慮が行われるようにすべきである。
　このツール（チェックリスト）は、有効なケアのモデルがすでにでき上がっていることを想定している。というのも、デザインだけでは認知症の人びとのための適切な環境を提供できないからである。環境についての想定は次の通りである。
- **認知症の人たちとのポジティブな関わりをサポートする**

- 人びとの年齢や文化に対して適切である
- 民族的なグループ構成に配慮しており、可能な場合には個人に合わせた居住スペースとしての設えがなされている
- 認知症の人たちができるだけ自立し、自分の生活をコントロールできるように支援する
- スタッフの役割と責任を果たしやすくする
- 認知症になった人たちを可能な限り、転居しないで済むようにする
- 規則に則った扱い方と、高齢者がこれまで受けてきたケアの経験とのバランスを図る

チェックリストがカバーしている項目

1. 入り口、廊下、導線案内、エレベータ

さまざまな活動のためのスペースは、認知症の人たちに強い意味をもっているものの、その意味が誤解されやすいものでもある。うまくつくられたスペースは用途がはっきりとしており、機能的に適切であり、視覚・聴覚・触覚などさまざまな感覚によって認識可能なものである。よくデザインされた入り口や導線案内のテクニックを使うことによって、認知症の人にとっての使いやすさが高まり、生活の満足感を高めることにつながるのである。

2. ラウンジ・エリア

グループホームなどにおいて認知症の人たちが多く過ごすのは、ラウンジやデイルームである。本質的に社交的な空間であるので、招き入れるような雰囲気とともに、わかりやすく、ごく日常的な感じに見えることが必要である。しばしば認知症の症状として見られている行動は、認知症の人がラウンジをあたかも待合室のように感じてしまい、ひどく当惑してしまうことにも原因があるからだ。こうした悪い効果は、社会的・物理的環境を、人の気持ちに添ったものにしていくことによって、最小限にとどめ、良い方向へと逆転することさえできる。そのためには、部屋の設えを年齢に相応しいものにするとともに、認知症の人にとっての刺激が少なすぎず多すぎもせず、落ち着いた雰囲気が提供されねばならない。こうした環境が提供されれば、自尊心と自信が高まるともに、家族や地域の人びとを迎え入れることにもつながる。

3. 食事室

認知症の人たちは、栄養不良や水分不足に陥りやすく、食への関心を失いがちである。食事する環境が良ければ、食事への関心を高めるとともに、楽しい食事の経験を促すことになる。栄養の摂取に注意するだけでなく、食にともなう社交の面にも配慮して、楽しく落ち着いた日常的な食事ができることを重視する一方、時にはお祭り的なイベントが行える設えが求められる。どこの空間についても言えることであるが、背景に対してはっきりと見えるような品々を選ぶという原則が重要である。たとえば、食器類は、置かれるテーブルやテーブルクロスからはっきりと区別されねばならないし、食器に置かれた食べ物ははっきりと認識されねばならない。

第Ⅰ部　認知症のための建築デザイン　チェックリスト　　11

4. 意味のある仕事や活動

身体的に不活発な状態におかれることが、介護ホームや病院における入居者の心の幸福感にマイナス効果を及ぼすことはよく知られている。意味のある、あるいは馴染んだ活動に頻繁かつ容易に携わることは、認知症の人たちの幸福を増進することになる。居住者の全員が、それぞれ自分の過去や現在の望みや好みに合った仕事に関わって刺激を得られるようにすることが重要である。日常の活動をも含んだ、さまざまな仕事や活動があることが重要である。

5. 診察室

診察室は、認知症の人をひどく混乱させてしまいかねない部屋であり、診察室に置かれた見慣れない器具などは不安を煽りかねない。落ち着いた環境をデザインすることによって、リラックスさせるとともに、診察を受ける人とスタッフとの間に交流が生まれるようにすることがきわめて重要である。

6. 美容室

美容室へ行くというのは自尊心を高めるとともに、馴染みのある行動であり、外出の楽しみを連想させるだけに、認知症の人にとっては重要な部屋である。この部屋は、美容院であるということがはっきりとわかるように、慣れ親しんだ感じにデザインされているべきであり、まるで医院のようであったり、驚かすようなものであってはならない。並んでゆったりと順番を待つというのも、楽しみの1つである。

7. 寝室

入居者の寝室、もしくはベッドが置かれるエリアは、個人に特有の趣向や嗜好・要求を反映させるべき個人的なスペースである。寝室を自分の家のように感じられれば最高である。介護施設の他の部分が共有スペースであるのに対し、寝室の空間だけは入居者がいくぶんなりとも自分の力やコントロールを使い得る場面である。自分の家は"自分らしさの体現"であり、これを失ってしまっては、個人が個人らしさを失い、自分が歩んできた歴史や自分そのものをも失うことにもなりかねない。もし、家族の写真・自分の写真・思い出の品々や本などといった自分自身の持ち物に囲まれていれば、まったくの無名の立場に貶められることはなくなる。

8. 寝室に付属する洗面・トイレ（風呂・シャワー）室

認知症の人たちのケアにおいては、尊厳とプライバシーに関わるすべてが重要であるが、親密な身体介護やニーズに対応する際はことさらである。トイレ周りの器具や設えなどがわかりにくいと、場合によっては認知症の人が使えなかったり、混乱を生じることにもなる。こうしたリスクを減じるためには、シンプルなデザインを心がけることである。寝室に付属する洗面・トイレ（風呂・シャワー）室は、個人的な介護ニーズや好みに合わせた設えを行う機会でもある。

9. 共用のトイレ・バスルーム

共用空間においては、尊厳とプライバシーを守るための配慮への挑戦は、いっそう大きなものと

なる。さらなる問題として、身障者へ配慮して設置されている身障者用トイレの設えが、認知症の人にはわかりにくいといったことがある。また、このことが認知症の人びとを共用のトイレから遠ざけてしまう要因にもなる。ここでも、シンプルなデザインを心がけることが改善への道につながる。

10. 屋外エリア

認知症の人たちの生活の質を維持するためには、戸外へのバリアフリーのアクセスが欠かせない。庭やテラス、バルコニーや屋上庭園は、自然の日光を浴びながらの、庭いじりや洗濯物を干したり、また単に出歩くといった日常行動のための場所を提供する。こうした戸外スペースは、1人になったり、平和な静けさを経験できる場所でもある。屋外エリアは認知症の人にとって安全でなければならないが、エリアを囲う柵などが牢獄のように感じられてはならない。屋外エリアも屋内と同様、わかりやすいように色彩に対比をつけることが原則である。

11. 一般的な規則

この部分に含まれるのは、ケア施設環境の全体について適用できる基準的な考え方であり、施設全体の効率や品質に資するものである。

1. 入り口、廊下、導線案内、エレベータ

入り口スペース

☐ **1-1**
要

ユニットへの入り口が、きれいに清掃してあること

認知症の人びとは、自信を喪失しつつある危機的な状況にある。入り口周りが汚れていたりするだけで、不安が一挙に掻き立てられ、自信を低下させてしまう。

☐ **1-2**
要

ユニットへの入り口が、あたたかく出迎える雰囲気になっている

入り口は、できるだけ家庭的な雰囲気であるべきであり、威嚇的であってはならない。

☐ **1-3**
要

ユニットへの入り口が、きちんと整頓してある

認知症の人びとは、自信を失いつつある危機的な状況にある。入り口周りがゴタゴタしていたりすると、不安を一挙に掻き立て、自信を低下させてしまう。

☐ **1-4**
要

ユニットへの入り口が、明るく照明されていること

30歳以下の人には、明るすぎるほど。30〜48歳であれば、とても明るく、48歳以上でも明るく感じるくらいの明るさ。暗い斑点や、暗い縞模様などもないこと。

☐ **1-5**
必

車椅子使用者を含め、身体的、行動的な障害を抱える人びとへの十分な配慮がある

認知症の人びとに限られるわけではないが、本人や付き添いの人にとって、入り口から入るという行為がストレスにならないことが重要である。認知症の人びとにとっては、馴染みのない場所へ入ることは、しばしば大きなストレスになる。

☐ **1-6**
要

休息するための腰掛けが用意されている

腰掛けは、家庭的なデザインで、座りやすく、頑丈であるべき。

☐ **1-7**
要

入り口ドアの開閉システムが、よく考えられた適切なものになっていること

開閉があればスタッフに確実に知らせるようになっているものの、入居者（患者・認知症の人びと）を驚かせるような大きな警告音などを出さないこと。

廊下

☐ **1-8**
必

カーペット・床の色が家具（とくに椅子）の色とはっきり対比していること

色の対比によって、家具がよりよく認識される。とくに椅子の座席の認識は安全性に関わるため最重要である。

☐ **1-9**
必

カーペット・床の色が壁の色とはっきり対比していること

このことにより、床がどこで終わり、どこからが壁になっているかがわかりやすい。

☐ **1-10** 要	**巾木が、床、壁の両方と対比している**
	このことにより、床がどこで終わり、どこからが壁になっているかがわかりやすい。

☐ **1-11** 必	**床全体が敷居などの縁を含めて一貫した色である**
	認知症の人びとはしばしば視覚空間的な問題をもっており、3D（立体的）にみることができない。床の色が変化したところで踏みとどまったり、場合によっては転んだりするのを避けるために、平らな床であれば段差があるように見えないようにしておくことが重要である。

☐ **1-12** 要	**大きな模様のついたカーペットが避けられている**
	渦巻き模様が入ったり、または具体的なイメージ（たとえば果物の柄など）を織り込んだカーペットは認知症の人びとを警戒させる。

☐ **1-13** 要	**強い模様の入った壁紙が避けられている**
	実際の物があるように見える（果物や植物などの）模様や、渦巻き模様、縞模様などはすべて、認知症の人びとには誤って認識される可能性がある。強すぎる視覚刺激は落ち着きを失わせてしまう。

☐ **1-14** 要	**入り口のスペースに十分な自然光がある**
	昼間に照明が消されていても、窓のある壁面から 3 m 以内であれば、ほとんどの人はよく見ることができる。

☐ **1-15** 要	**自然光の眩しさがコントロールできる**
	直射日光が眩しい場合には、カーテンやブラインドが必要である。

☐ **1-16** 要	**入り口のスペースに十分な人工照明がある**
	30 歳以下の人にとっては、明るすぎるほど。30〜48 歳であれば、とても明るく、48 歳以上でも明るく感じるくらいの明るさ。

☐ **1-17** 要	**照明は、一日の時間帯によってコントロールできる**
	照明スイッチは1つだけでなく、いくつかの照明回路がある。

☐ **1-18** 要	**天井・床・カーペット・カーテン・椅子の生地などに、音をよく吸収する素材を用いて、話がよく聞こえるようにする**
	このことは耳の不自由な認知症の人びとにとっては非常に重要である。ガヤガヤして話が聞きとれないと、非常な孤独感を感じるからである。

□ 1-19 要	**すべての廊下が、意味のある場所につながっていること：行き止まりがないようになっているか、もしくは行き止まりがあっても、そうした箇所に気を惹かせるような工夫がなされているかを確認すること**
	廊下の先が、鍵の掛かったドアとか、行き止まりになっていると、フラストレーションをもたらし、怒り行動につながる可能性がある。廊下の先が居間になっているとか、あるいは庭などの安全で建物とつながっている気晴らしのスペースに出られるのであれば、ベストである。
□ 1-20 要	**廊下で車椅子が使いやすい**
	廊下は、歩行補助具や杖を使って歩いている人を、車椅子で追い越せるだけの十分な幅が必要である。
□ 1-21 要	**廊下の幅に変化が付けられている**
	トンネルのような印象を防ぐためである。廊下は、いくつかの小さな領域に分割すべきである。
□ 1-22 要	**廊下の壁には、興味を掻き立てるものがいくつか用意されている**
	たとえば、地域の写真とか、あるいは触ったり撫でたりできるものなど。
□ 1-23 要	**あちこちに、休息のための椅子が用意されている**
	腰掛けは、家庭的なデザインで、座りやすく、頑丈であるべき。
□ 1-24 要	**体を支えるとともに、方向感覚や距離感をも伝えるための、使いやすい手すりが用意されている**
	手すりは、背景の壁と対比した色ではっきりと見やすく、つかみやすく、さらに目の不自由な人にも配慮して、手すりの端の位置が触覚的にわかるようにすべきである。
□ 1-25 要	**廊下は明るく照明されていること**
	30歳以下の人には明るすぎるほど。30〜48歳であれば、とても明るく、48歳以上でも明るく感じるくらいの明るさ。
□ 1-26 要	**廊下は均等に照明されていること**
	認知症の人は、暗い斑点があると、床に穴があいていると勘違いすることがある。

☐ 1-27 要	ナースコールのシステムが、よく考えられた適切なものになっていること
	ナースコールが個人携帯のポケットベルではなく、廊下のベルが鳴るようにしたものなどがある。ナースコールで廊下のベルが鳴り、光が点滅するようなシステムは、認知症の人にはなぜ音が鳴り光が点滅しているかの理由がわからないので、不安だけを煽ることになり、不適切である。
☐ 1-28 要	階段や段差の端が、安全のためにはっきりと示されていること。端のノンスリップが、踏み面や蹴上げの面とはっきり対比していることを確認すべき
	認知症の人は、しばしば視覚に障害があり、3D（立体的）に見ることができない。段差があることを認識せずに、そのまま歩いていかないように、いったん踏みとどまらせることが重要。

廊下から部屋へ

☐ 1-29 要	ドアは、力を入れなくても簡単に開くこと
	ドア・クローザーには、ドアを開けにくいものではなく、開けやすくするものを。
☐ 1-30 必	ドアの開き勝手は、壁側に開くようにして、部屋全体が見えるようにすること
	認知症の人は、部屋の中に何があるかを確認するために、中を覗き込む必要がある。寝室の場合は、自分の部屋かどうかを確認するためにも、ドアから見えることが必要。
☐ 1-31 必	ラウンジへのドアには鍵を掛けないこと
	鍵の掛かったドアは、不必要なフラストレーションや怒りをもたらすことがある。
☐ 1-32 必	食事室へのドアには鍵を掛けないこと
	鍵の掛かったドアは、不必要なフラストレーションや怒りをもたらすことがある。
☐ 1-33 必	安全な外部スペースへのドアには鍵を掛けないこと
	鍵の掛かったドアは、不必要なフラストレーションや怒りをもたらすことがある。
☐ 1-34 要	寝室へのドアは、廊下の反対側の寝室へのドアと直接向き合わないこと
	認知症の人は、寝室を出ると無意識のうちにまっすぐに反対側のドアへと向かってしまうことがある。すると、なぜかわからぬままに自分が見知らぬ寝室にいることを発見することになり、自分がどこにいるのかがわからなくなって混乱したり、その寝室の住人や、そこにある持ち物に対して思わぬ迷惑を掛けたりすることになる。

第Ⅰ部　認知症のための建築デザイン　チェックリスト

☐ 1-35 要	ドアの取っ手の色は、ドア自体の色とはっきりと対比していること	
	色が対比していれば、ドアの取っ手が見やすくなる。	
☐ 1-36 要	**取っ手が心地よく使いやすい**	
	大きなD字型のハンドルの方が、丸いドアノブより使いやすい。	
☐ 1-37 必	**床が敷居などの縁を含めて一貫した色である**	
	認知症の人びとはしばしば視覚空間的な問題をもっており、3D（立体的）に見ることができない。床に段差があるように見えないようにして、踏みとどまったり、場合によっては転んだりするのを避けることが重要である。	
☐ 1-38 要	**スタッフのための施設が、入居者にとって騒音源にならない位置にある：ナース・ステーションやスタッフの休息室などを確認すること**	
	ガヤガヤした音があると、認知症の人や聴覚に障害をもつ人たちを精神的に参らせ、混乱をもたらしたり、苦しめることになる。	
☐ 1-39 要	**洗濯室などのサービス施設は、入居者にとって騒音源にならない位置に置くべき**	
	騒音があると、認知症の人や聴覚に障害をもつ人たちを精神的に参らせ、混乱をもたらしたり、苦しめることになる。	
☐ 1-40 要	**スタッフのための諸室へのドアが、気付かれないようになっている：ドアと壁が同じ色であるか、巾木や手すりがドアの上にもつながっているか、ドアや框に飾りなどがなく目立たないようになっていることを確認すること**	
	認知症の人にフラストレーションを与えることは、どのような場合でも避けるべき。入れないドアを、わからないようにしてあれば、フラストレーションを最小限にできる。	

案内・表示サイン

☐ 1-41 必	**誰でもわかるように、道案内のためのはっきりとした表示サインがある**	
	認知症の人は、新しく覚えることができない。表示サインがあることは家庭的ではないものの、認知症の人にとって、どこに行くべきかがわかるための案内になる。	
☐ 1-42 必	**サインに書かれている文字の色合いや明暗と、文字の背景となっている色合いや明暗が、はっきりと対比していること**	
	目の老化によって、色合いの違いの識別能力は失われていく。したがって、明暗の違いがより重要である。	

☐ 1-43 必	サインには、言葉とともに、適切でわかりやすい絵やピクトグラム（絵文字）が使われている
	認知症の人のできるだけ多数にサインをわかってもらうため、言葉と絵の両方を使うことが有効。
☐ 1-44 必	サインの背景と、ドアや壁の色合いや明暗との対比が、はっきりしていること
	対比がはっきりしていることで、サインが目に入りやすくなる。
☐ 1-45 要	サインは、サインが示している部屋のドアに付けられている。道案内のサインでない限りは、隣の壁などに付けられてはいない
	ドアに付けられたサインは必ず着目されるが、ドアの脇のサインは見落とされることがある。
☐ 1-46 必	居住者の道案内のためのサインを付ける位置が、床から **1.2 m** の高さになっている。高さを測って確認すること
	多くの高齢者は背が低くなっており、肩の筋力も落ちているため、頭部が垂れ下がっている。サインは建物を使うすべての人のために、十分に低い位置になければならない。
☐ 1-47 要	ドアや壁の内側を見て、視認性を高めるために、ガラス窓が多用されている：ガラスにカーテンが掛かっていないことを確認すること
	法令によって、将来的にはすべてのドアにガラスの入った小窓がつけられることになるが、これらの小窓から見られるだけの大きさが必要である。食事室やラウンジなどの共用室の壁がガラス窓になっていると、認知症の人にとっては何の部屋であるかが目で確認できる。
☐ 1-48 要	皆が知っているもの（たとえば有名人の写真など）が、目印として置かれている
	一般的に、多くの人は色の違いを頼りにするのではなく、どのような物があったかを頼りに、道を見つけている。色彩の違いはスタッフや入居者の家族などには役立つこともあるが、認知症の人の道案内の目印としては、何か注意を惹く物があることが同時に必要である。

エレベータ

☐ 1-49 要	エレベータの内部は、反射したり光沢があったりしない、パステルカラーの内張りなどで、心を落ち着かせるものになっている
	エレベータは必然的に閉じ込められたスペースであるので、認知症の人にとっては、できるだけ脅威を感じさせない、ごく普通の場所のように見える必要がある。

第Ⅰ部　認知症のための建築デザイン　チェックリスト　19

☐ **1-50**
要

エレベータ内の床は、着床階の床とマッチしていること

認知症の人びとはしばしば視覚空間的な問題をもっており、3D（立体的）に見ることができない。床に段差があるように見えないようにして、踏みとどまったり、場合によっては転んだりするのを避けることが重要である。

☐ **1-51**
要

エレベータ内の照明は明るいが、眩しさを抑えて均一なものになっている

眩しい光源があると、不愉快に目を細めさせることになり、このことが光の影を何かの物体であるかのように誤認させることになりがちである。

☐ **1-52**
要

内部には鏡などの反射する壁面がない

認知症の人のなかには、鏡の存在を認識することができず、その中に他人がいると思って怖がることがある。

☐ **1-53**
要

ドアセンサーは、エレベータに安全に人が乗り込んでしまうまで、ドアを開けておくものであること

ドアが突然に閉まりだして、利用者を驚かせることがないこと。

☐ **1-54**
要

停止ボタン類は、大きく明瞭で、ドアの枠とはっきりと対比していること

サインの場合と同じように、視認性、高さ、明瞭性を考慮する。

☐ **1-55**
要

エレベータは、寝室から離れていること

エレベータ、とくに音声案内を行うものは騒音源となるので、苦痛と混乱の原因になる。

☐ **1-56**
要

エレベータ・シャフトが、寝室の壁に接していないこと

夜間の騒音は、睡眠を妨げる。認知症の人は、騒音源が何であるのかが理解できないことがある。

1. 入り口、廊下、導線案内、エレベータ　チェック数　小計	必	／14 項目	要	／42 項目

《メモ》

2. ラウンジ・エリア

ラウンジ一般の特徴について

☐ 2-1 必
カーペット・床の色が家具、とくに椅子の色とはっきり対比している
色の対比によって、家具がよりよく認識される。とくに椅子の座席の色は安全性に関わるため最重要である。

☐ 2-2 必
カーペット・床の色が壁の色とはっきり対比している
このことにより、床がどこで終わり、どこから壁が始まるかがわかりやすい。

☐ 2-3 要
巾木が、床、壁の両方と対比している
このことにより、床がどこで終わり、どこから壁が始まるかがわかりやすい。

☐ 2-4 必
床が敷居などの縁を含めて一貫した色である
認知症の人びとはしばしば視覚空間的な問題をもっており、3D（立体的）に見ることができない。床に段差があるように見えないようにして、踏みとどまったり、場合によっては転んだりするのを避けることが重要である。

☐ 2-5 要
大きな模様のついたカーペットが避けられている
渦巻き模様が入ったり、または具体的なイメージ（たとえば果物の柄など）を織り込んだカーペットは認知症の人びとを警戒させる。

☐ 2-6 要
強い模様の入った壁紙が避けられている
実際の物があるように見える（果物や植物などの）模様や、渦巻き模様、縞模様などはすべて、認知症の人びとには誤って認識される可能性がある。強すぎる視覚刺激は落ち着きを失わせてしまう。

☐ 2-7 要
ラウンジ・エリアには十分な自然光がある
昼間に照明が消されていても、窓のある壁面から3m以内であれば、ほとんどの人はよく見ることができる。

☐ 2-8 要
ラウンジ・エリアには十分な人工照明がある
30歳以下の人には、明るすぎるほど。30～48歳であれば、とても明るく、48歳以上でも明るく感じるくらいの明るさ。

☐ 2-9 要
明るさのレベルは、眩しさが抑えられるようにコントロールできる
直射日光が眩しい場合には、カーテンやブラインドが必要とされる。

第Ⅰ部　認知症のための建築デザイン　チェックリスト

□ 2-10 要	照明は、1日の時間帯によってコントロールできる
	照明スイッチは1つだけでなく、いくつかの照明回路がある。

□ 2-11 要	何の部屋かがわかるための手掛かりとして、年齢的・文化的にみて適切な、部屋の中心となるポイント（たとえば、イギリスの場合であれば伝統的なデザインの暖炉）が、座り心地のよい椅子やコーヒーテーブル、飾り戸棚などとともに、設えてあること：中心となるポイントがテレビであってはならない
	認知症の人にとって、自分がどの部屋にいるのか、そしてどのように振る舞えばいいのか、を理解するためにはさまざまな手掛かりが必要とされる。そうした手掛かりは、その人の年齢やそれまでの生活に照らして認識されることになる。たとえば、1975年以前に生まれたイギリス人であれば、子供時代や若い頃を過ごした家には（石炭やコークス、あるいは電気またはガスの）暖炉があったはずである。その場合、暖炉の周りに座ることが、最も寛げることになる。暖炉以外の手掛かりもまた、ラウンジとしての認識に役立つ。

□ 2-12 要	天井・床・カーペット・カーテン・椅子の生地などは、話がよく聞こえるように、音をよく吸収する素材である
	このことは耳の不自由な認知症の人びとにとって非常に重要である。部屋が騒々しいと、すぐに精神的に参ってしまったり、興奮してしまうことがある。

□ 2-13 要	どの場所かがわかるような“家庭的な雰囲気”の照明器具が十分にあること
	照明器具には、部屋の性質を伝える手掛かりとなるという重要な役割がある。また、雰囲気を高めたり、道案内の目印にもなる。

□ 2-14 要	室内装飾が、年齢にふさわしく、文化的に細かく配慮したものになっている
	認知症の人は、家庭的だと感じられるスペースで最も寛ぐことができる。家庭的ではない器具類などは、収納しておくことを考えるべき。

□ 2-15 要	部屋が小さく、家庭的である
	共同生活をおくっていきたいという認知症の人は、まずいない。したがって、彼らはこれまで馴染んできた寸法の部屋において、より寛ぐことができる。

□ 2-16 要	さまざまな座面の高さ・深さの椅子など、すべての入居者のニーズにかなった家具が取り揃えてある
	椅子は正しい高さであるべきだという多くの文献がある。低すぎる椅子は血液循環に影響し、背中の痛み（これは行動に影響する）につながる。高すぎる椅子や深すぎる椅子は、罠にはまったように感じさせる。いくつかの椅子が、頭や首を支えられるものであれば、休息や居眠りができる。

□ 2-17 要	家具のデザインや配置は、入居者の活動を抑えることなく、活動を助けるようになっている：椅子の深さ、テーブルとの位置、椅子の配置を確認すること
	2-2 にも関係する。椅子には座ったり立ったりする必要がある。つかまったり立ち上がる際の支えになる肘掛けがついた椅子が必要。食事のための椅子の肘掛けは、テーブルの下に余裕をもって納まるものを。これは、椅子に座りながらテーブルに近づこうとして、手を怪我しないためである。
□ 2-18 要	主な窓の下桟の位置は、座っている姿勢で外のスペースや通りが見られるように十分に低いこと：座ってみて調べること。また、家具や葉の茂みなどが眺めを妨げていないかどうかも確認
	認知症の人びとの多くは、ほとんどの時間を座って過ごしている。建物の外を楽な姿勢で見られるようにしておくべき。
□ 2-19 要	家具・調度の配置は、スタッフと入居者の交流を促すものを
	よい交流のために、スタッフは、入居者と同じ高さ、あるいはもっと低い位置に座れるようにすべき。
□ 2-20 要	スタッフにも十分な数の椅子がある
	認知症の人と一緒に寛げるように、よい椅子はスタッフにも必要。
□ 2-21 必	トイレは、ラウンジから見える位置、もしくはわかりやすい案内サインが見えること
	認知症の人は、トイレがすぐに見つからないと、とても不安で落ち着かなくなる。
□ 2-22 要	もし、ラウンジに隣接して庭、バルコニー、屋上テラスなどを眺めることができる場合、そこに出るためのドアがあること
	認知症の人のなかには、とても外に出たがる人たちがいる。外部スペースへ楽に出られるようにして、欲求不満を最小限に抑えるべきである。
□ 2-23 要	さまざまな目的の場所があること（たとえば、座っておしゃべりをする場所）
	部屋の設え方によって、何をするための場所なのかが認知症の人に伝わる。
□ 2-24 要	見るものがさまざまにあること（たとえば、魚の水槽とか、楽しく興味を惹く外の眺め）
	認知症の人のなかには、ただ座って眺めることしかできない人もいる。彼らに何か夢中で眺めることができるものを提供できれば、生活を高めることができる。何かが起こる眺め（たとえば、駐車場とか配達の人とかが見えること）にはとても価値がある。

□ 2-25 要	入居者が簡単にテレビを見られること：すべての入居者がテレビをはっきりと見て聞きとれるように、テレビが近くにあること、また、誰も見ていないのに点けっぱなしになっていたりしていないかを確認すること
	認知症の人は、テレビをよく見るために椅子を動かすべきだということが、わからないことがある。
□ 2-26 要	リモコンは、入居者に適したデザインのものを。リモコンがあることを確認すること
	リモコンを理解して操作できる認知症の人は、あまりいない。握りやすく、大きな数字のものを。
□ 2-27 要	テレビを見たくない入居者のために、もうひとつの静かなラウンジがある
	認知症の人のなかには、テレビの番組内容によっては非常に怖がったり、またテレビの音に耐えられなかったりする。
□ 2-28 要	静かな雰囲気の部屋であるべき。柔らかい内装素材や、吸音材などが使われているかを確認し、また騒音レベルを確認すること
	このことは耳の不自由な認知症の人びとにとって非常に重要である。部屋が騒々しいと、すぐに精神的に参ってしまったり、興奮してしまうことがある。
□ 2-29 要	ほかの楽しみを希望する入居者のための用意がなされている。ラジオや CD を聞いたり、新聞や本を読めるようになっているかを確認すること

2. ラウンジ・エリア 　　チェック数　小計	必	／4 項目	要	／25 項目

《メ モ》

3. 食事室

食事室一般の特徴について

□ 3-1 必　カーペット・床の色が家具、とくに椅子の色とはっきり対比している

色の対比によって、家具がよりよく認識される。とくに椅子の座席の色は安全性に関わるため最重要である。

□ 3-2 必　カーペット・床の色が壁の色とはっきり対比している

このことにより、床がどこで終わり、どこから壁が始まるかがわかりやすい。

□ 3-3 要　巾木が、床、壁の両方と対比している

このことにより、床がどこで終わり、どこから壁が始まるかがわかりやすい。

□ 3-4 必　床が敷居などの縁を含めて一貫した色である

認知症の人びとはしばしば視覚空間的な問題をもっており、3D（立体的）に見ることができない。床に段差があるように見えないようにして、踏みとどまったり、場合によっては転んだりするのを避けることが重要である。

□ 3-5 要　大きな模様のついたカーペットが避けられている

渦巻き模様が入ったり、または具体的なイメージ（たとえば果物の柄など）を織り込んだカーペットは認知症の人びとを警戒させる。

□ 3-6 要　強い模様の入った壁紙が避けられている

実際の物があるように見える（果物や植物などの）模様や、渦巻き模様、縞模様などはすべて、認知症の人びとには誤って認識される可能性がある。強すぎる視覚刺激は落ち着きを失わせてしまう。

□ 3-7 要　食事室には十分な自然光がある

昼間に照明が消されていても、窓のある壁面から 3 m 以内であれば、ほとんどの人はよく見ることができる。

□ 3-8 要　食事室には十分な人工照明がある

30 歳以下の人には、明るすぎるほど。30 〜 48 歳であれば、とても明るく、48 歳以上でも明るく感じるくらいの明るさ。

□ 3-9 要　明るさのレベルは、眩しさが抑えられるようにコントロールできる

直射日光が眩しい場合には、カーテンやブラインドが必要とされる。カーテンは、熱射や眩しさを防ぎながらも、部屋を暗くしないものを。

第Ⅰ部　認知症のための建築デザイン　チェックリスト　　25

☐ 3-10 要	天井・床・カーペット・カーテン・椅子の生地などは、話がよく聞こえるように、音をよく吸収する素材である
	このことは耳の不自由な認知症の人びとにとって非常に重要である。話が聞こえないと、とても孤独になってしまう。
☐ 3-11 要	主な窓の下桟の位置は、座っている姿勢で外のスペースや通りが見られるように十分に低いこと：座ってみて調べること。また、家具や葉の茂みなどが眺めを妨げていないかどうかも確認
	認知症の人びとの多くは、ほとんどの時間を座って過ごしている。建物の外を気楽に見られるようにしておくべき。
☐ 3-12 要	どの場所かがわかるような"家庭的な雰囲気"の照明器具が十分にあること
	照明器具には、部屋の性質を伝える鍵となる重要な役割がある。
☐ 3-13 要	ふさわしい家具によって食事室であることがわかること
	認知症の人たちに何が行われる場であるのかを、環境が伝えるべきである。
☐ 3-14 必	食事室が小さい。せいぜい 10 人の認知症の人たちが一緒に食事をする
	10 人以上の人たちが一緒に食事をすると刺激が強くなりすぎ、食事に集中できなくなる。
☐ 3-15 必	食事室は家庭的に見えること
	施設的ではなく、家庭的な家具が認知症の人たちに安心感を与える。
☐ 3-16 必	すべての居住者に十分な椅子の数がある
	椅子が足らないと、1 つの椅子を 2 回使うことになるが、これでは、落ち着いて食事に集中するのには向かない。
☐ 3-17 必	食事においてスタッフが関われるように、余分な（十分な）椅子がある
	理想的には、スタッフが入居者と一緒に食事をすることで、介助の必要性がわかり、助けたりができる。
☐ 3-18 要	家具のデザインや配置は、入居者の活動を抑えることなく、活動を助けるようになっている：椅子の深さ、テーブルとの位置、椅子の配置を確認すること
	虚弱な高齢者にとってあまりに重い椅子とか、低すぎる椅子だと、すぐに立ち去らせることになる。同様に、椅子が詰め込まれすぎた部屋からも、すぐに立ち去ろうとする。

☐ 3-19 要	部屋のなかのサイドボードや箪笥などに、食事のためのナイフ・フォーク・スプーンやナプキン、マットなどが置いてある
	見やすく開けやすい扉や引き出しとか、上に載せた箱であれば、食事の準備に必要なものが探しやすい。
☐ 3-20 要	1人での食事を希望する居住者に対応した、テーブル配置がデザインされている
	認知症の人びとのなかには、上手に食事ができないことを非常に気にする人もいる。その場所に座ることが、上手に食事ができない人だという烙印を押すことになってはならないものの、1人で食事ができる場所があることは、一般的には助けになる。
☐ 3-21 要	食器や調味料入れ、ナイフ・フォーク・スプーンなどは、昔からのデザインのものを
	年季の入った、馴染みのあるデザインであればわかりやすく、認知症の人びとの食事の助けになる。
☐ 3-22 要	食器や調味料入れ、ナイフ・フォーク・スプーンなどは、テーブルや背景の色と対比のあるものを：子供用のものではなく、わかりにくいものでもないことを確認すること
	はっきりした対比が、食器や調味料入れ、ナイフ・フォーク・スプーンなどを見やすくする。
☐ 3-23 要	壁の外から中が見えるようにガラス窓が入っていたり、ドアにはっきりした部屋の表示がある
	認知症の人は、ドアの後ろがどのような部屋だったかを覚えていないことがある。室名の表示や、壁にガラス窓があれば、食事室を見つける助けになる。
☐ 3-24 要	食事室が、オープンプランのキッチン（もしくはキチネットや配膳室）とつながっている
	居住者の多くは、オープンプランのキッチン（もしくはキチネットや配膳室）に出入りして、テーブルを拭いたり、食器の後片づけなどの手助けをしようとする。そのためには、流しやガラス窓の入った食器戸棚などの台所の設備が、ドアの後ろではなく、直接よく見えることが必要。
☐ 3-25 要	中央キッチンからの騒音が、居住者の妨げにならないように
	中央キッチンは、騒音が出ないように（たとえば、食器洗浄機の位置や機種など）、設計されねばならない。騒音は、聴覚に障害のある人びとや認知症の人びとを、精神的に参らせてしまうからである。

3. 食事室

□ 3-26 要	静かな雰囲気の部屋であるべき。食事以外の音があると居住者の注意散漫をもたらす：柔らかい内装素材や、吸音材などが使われているか、また騒音レベルや、できれば配膳車が出す音なども確認すること
	耳の不自由な認知症の人びとは、すぐに精神的に参ってしまったり、興奮してしまうことがあるので、このことは非常に重要である。
□ 3-27 要	もし、食事室に隣接して庭、バルコニー、屋上テラスなどを眺めることができる場合、そこに出るためのドアがあること
	認知症の人のなかには、とても強く外に出たがる人たちがいる。外部スペースへ楽に出られるようにして、欲求不満を最小限に抑えるべきである。

3. 食事室 チェック数 小計	必	／7 項目	要	／20 項目

《メモ》

4. 意味のある仕事や活動

☐ **4-1**
要

ホームを訪れる美容師・アロマセラピスト・ネイリストなどのサービスのための部屋などのスペースがあること

ホームの立地によっては、そうしたサービスが近所で得られることもある。しかし、そうでなければ、ホームの建物内に、そのために設えられていると認識できるようなスペースが必要である。

☐ **4-2**
要

入居者が台所仕事を手伝うことができるための設えがあること

多くの入居者は、食卓を拭いたり、食器洗いを手伝ったりするために、オープンプランのキッチン、あるいは配膳のためのキチネットを使いたいと望んでいる。このためには、キッチンは（ドアを隔てた奥にではなく）すぐに見えるところに、流しやガラス扉の食器棚などのわかりやすい設えが必要。

☐ **4-3**
要

キチネットや配膳のカウンターは、さまざまな場所から見やすい位置にある。設えと行きやすさを確認すること

このためには、キッチンは（ドアを隔てた奥にではなく）すぐに見えるところに、流しやガラス扉の食器棚などのわかりやすい設えが必要。

☐ **4-4**
要

入居者が望めば、自分で洗濯ができるような設えになっていること

とりわけ女性については、洗濯は慣れ親しんだ仕事である。流しや洗濯物を干せるところがあることで、入居者によっては、忙しく活動的な日常になる。

☐ **4-5**
要

グループや個人による美術や工芸、余暇活動などのためのスペースがあること。美術・工芸・音楽に勤しめる場所がユニットの中にあるかを確認すること

片づけてしまう必要のない、活動のためのスペースがあることは、入居者やスタッフにとって大きな助けになる。そこには流しがあり、床やテーブルは拭き取りやすいこと。

☐ **4-6**
要

入居者が自分の作品を飾りたいと望んだときのために、魅力的な飾り棚とか、飾るための壁面などが用意されている。棚や額縁の付いたボードなどを確認すること。粘着ゴムとか画鋲で留めることは避けること

認知症の人たちの自尊心は、しばしば非常に脆い。彼らの作品が子供っぽい飾られ方をすることで、傷ついてしまうことがある。

☐ **4-7**
必

軽い園芸活動とか、散策したりしたい人びとのために、安全な屋外スペースが設えられ、簡単に出られるようになっていること。出口に鍵が掛かっていないこと、家具などで塞がれていないことを確認すること

認知症の人のなかには、とくに楽しい活動の機会があるときには、とても外に出たがる人びとがいる。外のスペースに出やすくしておき、欲求不満を最小限にすべきである。

☐ 4-8 要	社会的な行事のための大きな部屋がある
	理想的には、コンサートとかダンスなどの特別の行事に使える部屋があるべきである。
☐ 4-9 要	大きな共用室の一部で活動を行うときには、騒音を減らすための間仕切りを使うことができる
	これによって部屋にいる他の人たちの迷惑になったり、邪魔になったりすることを最小限にできる。

4. 意味のある仕事や活動 チェック数 小計	必	／1項目	要	／8項目

《メモ》

5. 診察室

5-1 必
カーペット・床の色が家具、とくに椅子の色とはっきり対比している
色の対比によって、家具がよりよく認識される。とくに椅子の座席の色は安全性に関わるため最重要である。

5-2 必
カーペット・床の色が壁の色とはっきり対比している
このことにより、床がどこで終わり、どこから壁が始まるかがわかりやすい。

5-3 要
巾木が、床、壁の両方と対比している
このことにより、床がどこで終わり、どこから壁が始まるかがわかりやすい。

5-4 必
床が敷居などの縁を含めて一貫した色である
認知症の人びとはしばしば視覚空間的な問題をもっており、3D（立体的）に見ることができない。床に段差があるように見えないようにして、踏みとどまったり、場合によっては転んだりするのを避けることが重要である。

5-5 要
大きな模様のついたカーペットが避けられている
渦巻き模様が入ったり、または具体的なイメージ（たとえば果物の柄など）を織り込んだカーペットは認知症の人びとを警戒させる。

5-6 要
強い模様の入った壁紙が避けられている
実際に物があるように見える（果物や植物などの）模様や、渦巻き模様、縞模様などはすべて、認知症の人びとには誤って認識される可能性がある。強すぎる視覚刺激は落ち着きを失わせてしまう。

5-7 要
診察室には十分な自然光がある
昼間に照明が消されていても、窓のある壁面から 3 m 以内であれば、ほとんどの人はよく見ることができる。

5-8 要
自然光の眩しさが防げる
直射日光が眩しい場合には、カーテンやブラインドが必要とされる。

5-9 要
診察室には十分な人工照明がある
30 歳以下の人には、明るすぎるほど。30〜48 歳であれば、とても明るく、48 歳以上でも明るく感じるくらいの明るさ。

第 I 部　認知症のための建築デザイン　チェックリスト　　31

□ 5-10 要	天井・床・カーペット・カーテン・椅子の生地などは、話がよく聞こえるように、音をよく吸収する素材である
	このことは耳の不自由な人びとや認知症の人びととにとって非常に重要である。話が聞こえないと、とても孤独になってしまう。
□ 5-11 要	何のための部屋であるかがわかるように、ドアにはっきりとしたサインが付けられている
	名称、および（たとえば、足病治療医の椅子などの）絵柄サインがあれば、治療の心構えができる。
□ 5-12 要	診察机や、照明器具、相談エリアなどの設えによって、何の部屋かがわかるようになっている
	認知症の人には、部屋の用途を示している手掛かりが必要である。何も手掛かりがない状態に置かれると、とても警戒させることになる。
□ 5-13 要	待合のスペースの監視がしやすくなっている
	待っている人は心配になって落ち着かないことがある。もし、それとなく様子をうかがうことができれば、問題にすぐに対処できる。
□ 5-14 要	待合のスペースは、共用エリアの近くにある
	診察室は、建物の見慣れない場所にありがちだが、このような場所では警戒感をもたせることにつながるので、できれば避けるべきである。
□ 5-15 要	患者やスタッフや（もし、同伴の場合には）家族などの保護者のための十分な数の座席が配置されている。よいコミュニケーションが図れるような椅子の配置になっているかを確認すること
	廊下で1人待っていることは、認知症の人の不安を高めてしまう。馴染みの人が側にいれば助けになる。
□ 5-16 要	ドアが開いたときに中が覗けないように、プライバシーを守るための衝立とかカーテンがある
	診察室では服を脱ぐことがあるので、誰かが診察室に入ってきたりして恥ずかしい思いをされられかねない。
□ 5-17 要	衝立やカーテンには、強い模様が入っていない
	実際に物があるように見える（果物や植物などの）模様や、渦巻き模様、縞模様などはすべて、認知症の人びととには誤って認識される可能性があり、警戒心を煽りがちである。
□ 5-18 要	衝立やカーテンの色は、隣接する壁の色と対比している
	対比していると衝立の存在がよくわかる。

□ 5-19 要	器具類を隠してしまっておくための、十分な収納スペースがある
	使わない器具類は、不安を起こさせないために、視界に置いておくべきではない。

5. 診察室　　チェック数　小計	必	／ 3 項目	要	／ 16 項目

《メモ》

6. 美容室

□ 6-1
必

カーペット・床の色が家具、とくに椅子の色とはっきり対比している

色の対比によって、家具がよりよく認識される。とくに椅子の座席の色は安全性に関わるため最重要である。

□ 6-2
必

カーペット・床の色が壁の色とはっきり対比している

このことにより、床がどこで終わり、どこから壁が始まるかがわかりやすい。

□ 6-3
要

巾木が、床、壁の両方と対比している

このことにより、床がどこで終わり、どこから壁が始まるかがわかりやすい。

□ 6-4
必

床が敷居などの縁を含めて一貫した色である

認知症の人びとはしばしば視覚空間的な問題をもっており、3D（立体的）に見ることができない。床に段差があるように見えないようにして、踏みとどまったり、場合によっては転んだりするのを避けることが重要である。

□ 6-5
要

大きな模様のついたカーペットが避けられている

渦巻き模様が入ったり、または具体的なイメージ（たとえば果物の柄など）を織り込んだカーペットは認知症の人びとを警戒させる。

□ 6-6
要

強い模様の入った壁紙が避けられている

実際に物があるように見える（果物や植物などの）模様や、渦巻き模様、縞模様などはすべて、認知症の人びとには誤って認識される可能性がある。強すぎる視覚刺激は落ち着きを失わせてしまう。

□ 6-7
要

室内には十分な自然光がある

昼間に照明が消されていても、窓のある壁面から3m以内であれば、ほとんどの人はよく見ることができる。

□ 6-8
要

自然光の眩しさが防げる

直射日光が眩しい場合には、カーテンやブラインドが必要とされる。

□ 6-9
要

室内には十分な人工照明がある

30歳以下の人には、明るすぎるほど。30〜48歳であれば、とても明るく、48歳以上でも明るく感じるくらいの明るさ。

□ 6-10 要	天井・床・カーペット・カーテン・椅子の生地などは、話がよく聞こえるように、音をよく吸収する素材である
	このことは耳の不自由な人びとや認知症の人びとにとって非常に重要である。話が聞こえないと、とても孤独になってしまう。
□ 6-11 要	壁の外から中が見えるようにガラス窓が入っていたり、ドアにはっきりした部屋の表示がある
	認知症の人が、何のための部屋であるかを知っていれば、どのように振る舞えばよいのかが、よりよくわかる。
□ 6-12 要	美容の器具や照明、洗髪エリアの設えなどによって、美容室であることがわかる
	認知症の人が、何のための部屋であるかを知っていれば、どのように振る舞えばよいのかが、よりよくわかる。
□ 6-13 要	待合のスペースの監視がしやすくなっている
	待っている人は心配になって落ち着かないことがある。もし、それとなく様子をうかがうことができれば、問題にすぐに対処できる。
□ 6-14 要	待合のスペースは、共用エリアの近くにある
	美容室は、建物の見慣れない場所にありがちだが、このような場所では警戒感をもたせることにつながるので、できれば避けるべきである。
□ 6-15 要	入居者だけでなくスタッフや（もし、同伴の場合には）家族などの保護者のための十分な数の座席が配置されている。よいコミュニケーションが図れるような椅子の配置になっているかを確認すること
	廊下で1人待っていることは、認知症の人の不安を高めてしまう。馴染みの人がそばにいれば助けになる。
□ 6-16 要	器具類を隠してしまっておくための、十分な収納スペースがある
	シャンプーなどの化粧薬品や器具類などは、鍵の掛かる収納庫に入れておくこと。

6. 美容室

6. 美容室 チェック数　小計	必	／3項目	要	／13項目

《メモ》

第Ⅰ部　認知症のための建築デザイン　チェックリスト　35

7. 寝室

一般

☐ 7-1 必 カーペット・床の色が家具、とくに椅子の色とはっきり対比している

色の対比によって、家具がよりよく認識される。とくに椅子の座席の色は安全性に関わるため最重要である。

☐ 7-2 必 カーペット・床の色が壁の色とはっきり対比している

このことにより、床がどこで終わり、どこから壁が始まるかがわかりやすい。

☐ 7-3 要 巾木が、床、壁の両方と対比している

このことにより、床がどこで終わり、どこから壁が始まるかがわかりやすい。

☐ 7-4 必 床が敷居などの縁を含めて一貫した色である

認知症の人びとはしばしば視覚空間的な問題をもっており、3D（立体的）に見ることができない。床に段差があるように見えないようにして、踏みとどまったり、場合によっては転んだりするのを避けることが重要である。

☐ 7-5 要 大きな模様のついたカーペットが避けられている

渦巻き模様が入ったり、または具体的なイメージ（たとえば果物の柄など）を織り込んだカーペットは認知症の人びとを警戒させる。

☐ 7-6 要 強い模様の入った壁紙が避けられている

実際の物があるように見える（果物や植物などの）模様や、渦巻き模様、縞模様などはすべて、認知症の人びとには誤って認識される可能性がある。強すぎる視覚刺激は落ち着きを失わせてしまう。

☐ 7-7 要 天井・床・カーペット・カーテン・椅子の生地などは、話がよく聞こえるように、音をよく吸収する素材である

とても孤独になってしまいがちの耳の不自由な人たちや認知症の人たちにとって、このことは非常に重要である。

☐ 7-8 要 ベッドがよく見えるようにして、寝室であることがわかるようになっている

ドアを壁側に開くようにして、ベッドがはじめに目に入るようにすべきである。こうしてあれば、何の部屋であるかがすぐにわかる。

□ 7-9 必	寝室への入り口が、入居者ごとに個性的に設えられている。ドア周りを見て、部屋の番号や名前のプレート、ドアのベル、郵便受け、美術品、装飾用のボードや箱、写真などがどうなっているかを確認すること
	どの寝室のドアにも同じ素材で印が付けられていることは、施設的であり、自分のスペースを見つける助けにはあまりならない。
□ 7-10 必	部屋の中に、居住者個人の持ち物がいろいろと置いてある
	個人の持ち物があると、自分の部屋であることがわかりやすくなり、自分らしさや自信を高める。
□ 7-11 要	部屋の中に、居住者が持ってきた家具が置いてある
	自分の家具を持ち込んで、部屋が狭苦しくならないためには、あらかじめ備えられている家具をしまっておける倉庫が必要である。
□ 7-12 要	寝室のドアが簡単に開き、ドアノブは心地よく使いやすい
	虚弱な高齢者は、筋力が限られており、きちんと握れないことがある。

照明

□ 7-13 必	部屋は夜間を通して暗くできること。しかし、ごく弱い照明を点けておくこともできるようにしてあること
	夜が暗くなることは、体内時計を維持するのに役立つが、認知症の人のなかには、薄明かりの中での睡眠に慣れている人もいる。
□ 7-14 要	部屋に付属するトイレ（洗面・風呂・シャワー）室は、必要があれば弱い照明を点けっぱなしにしておけること
	認知症の人のなかには、どこにトイレに行くべきかがわかるように、便器が見えるようにしておく必要がある場合がある。
□ 7-15 要	睡眠を妨げることなく、スタッフが夜間にチェックできるような仕組みがある：ほの暗い明かりをつけるためや非常に低い位置の明かりをともすための、それとわからないようなスイッチがドアのかたわらにあるとか、ドアに付けられた窓ガラスのカーテンをちょっと開けられるようになっているとか、廊下に懐中電灯が備えてある、などを確認すること
	夜中に目が覚め、意識がはっきりしないうちに起き上がって、転倒することがある。認知症の人にとっても、元気であるためには良い睡眠が必要。
□ 7-16 要	部屋には十分な自然光がある
	昼間に照明が消されていても、窓のある壁面から3m以内であれば、ほとんどの人はよく見ることができる。

第Ⅰ部　認知症のための建築デザイン　チェックリスト　37

□ 7-17 要	自然光の眩しさが防げる
	直射日光が眩しい場合には、カーテンやブラインドが必要とされる。

□ 7-18 要	照明は、一日の時間帯によってコントロールできる
	照明スイッチは1つだけでなく、いくつかの照明回路がある。

□ 7-19 要	どの場所かがわかるような"家庭的な雰囲気"の照明器具が十分にあること
	照明器具には、部屋の性質を伝える鍵となる重要な役割がある。

□ 7-20 要	庭やバルコニー、屋上テラスや屋上庭園へ出るためのドアがある場合には、明るい屋外から戻ったときの暗視適応を考えて、屋内の照明を十分に明るくしてある
	高齢者にとって、明るさの違いへの適応は、より難しくなり、時間もかかるようになる。明るさの違いが最小限になっていないと、一時的に目が見えなくなってしまうことがある。

窓・景色

□ 7-21 要	窓の下桟の位置は、座っている姿勢で庭やバルコニー、屋上テラス、外の通りなどが眺められるように十分に低いこと。座ってみて調べること。また、家具や葉の茂みなどが眺めを妨げていないかどうかも確認
	認知症の人びとの多くは、ほとんどの時間を座って過ごしている。建物の外を楽な姿勢で見られるようにしておくべき。

□ 7-22 要	カーテンの上部から左右に垂らした飾り布が重すぎたり、カーテンが引きにくくなっていて外が見えにくくなったりしていないこと。カーテンレールが窓の幅よりも十分に長くなっていることを確認すること
	自然光の重要さを考えると、これを妨げるものは何であれ最小限にすべき。

□ 7-23 要	眩しさを防ぐための、日除けブラインドやカーテンがある
	直射日光が眩しい場合には、カーテンやブラインドが必要とされる。

□ 7-24 要	部屋を暗くするために、厚いカーテン、もしくはカーテンとブラインドの組み合わせがある
	夜が暗いことは、体内時計を維持させ、睡眠を助ける。

	一般的な設え
☐ 7-25 要	天井・床・カーペット・カーテン・椅子の生地などで、騒音を最小限に抑える
	このことは耳の不自由な人びとや認知症の人びとにとって非常に重要である。騒音があると、すぐに精神的に参ってしまったり、興奮してしまうことがある。
☐ 7-26 要	ベッドの置き方が選べるような、部屋の大きさを
	部屋のどこにベッドを置くかには、人によって好みの違いがある。壁に寄せておくことを好む人もいれば、ベッドの両側から降りられるようにしておきたい人もいる。好みに合っていれば、認知症の人は、よく眠ることができる。スタッフの介助やリフターを使うために、ベッドの両側を空けておく必要がある場合もある。
☐ 7-27 要	鏡は、あるべき場所にあること
	鏡は、誤認を防ぐために、普通の場所に置かれていなければならない。車椅子利用者のための鏡の位置も考えるべきである。
☐ 7-28 要	鏡は、取り外し可能、もしくは簡単にカバーができるものを
	認知症の人のなかには、鏡であることを認識できなくなり、その中に人がいることを見て怖がることがある。
☐ 7-29 要	ドアは、力を入れなくても簡単に開くこと
	ドア・クローザーには、ドアを開けにくいものではなく、開けやすくするものを。

	機器
☐ 7-30 要	入居者の電気器具のために、十分な数の電気コンセントがあること。数、わかりやすさ、使いやすさを確認すること
	2つのコンセントでは不十分。いくつもの電気器具をもっている可能性がある。
☐ 7-31 要	入居者それぞれの特別なニーズに対して相応しい機器が使われている。受話器を必要としない電話機、大きなボタンのリモコン、大きな文字盤の時計などを確認すること
	もし、1人1人のニーズが測られ、ニーズに適した機器が与えられていれば、どの部屋にも同じ機器があったりすべきではない。

トイレへの道案内（部屋に付属するトイレ、またはそれに代わるトイレ）

☐ 7-32 要	入居者個人の部屋に付属したトイレが使えること
	認知症の人には、このことはとりわけ重要である。トイレやトイレのドアが見える位置にあることが、理解を助け、行くべき方向を指し示すことになるので、心配が減るからである。

7.
寝室

第Ⅰ部　認知症のための建築デザイン　チェックリスト　39

□ 7-33 要	付属のトイレ室は、入居者個人のニーズや好みに適した設えになっていること。安全マット、手すりなどの器具、石けんや貝殻・写真などの個人の持ち物を確認すること
	認知症の人が安心できるように、トイレはできるだけ親しめる雰囲気にすべき。個人の持ち物には、使い慣れたタオルや石けん・写真などが含まれる。
□ 7-34 要	トイレのドアには、サインが付いていること
	表示サインについては項目 **1-41** ～ **1-46** を参照。
□ 7-35 要	手掛かりが必要な人に対しては、ベッドから直接トイレが見られるようにできること
	認知症の人のなかには、トイレに行きたくなっても、トイレやトイレのサインが見えないと、トイレの位置がわからない場合がある。
□ 7-36 必	部屋に付属するトイレがない場合でも、トイレ設備が近くにあること。トイレ設備を確認すること
	認知症の人が、いつでも自分でトイレに行けるようにしてあげたいのであれば、できるだけすぐ近くにトイレがある必要がある。
□ 7-37 必	一番近くのトイレへの道案内のための、はっきりとしたサインがあること
	表示サインについては項目 **1-41** ～ **1-46** を参照。

7. 寝室 チェック数　小計	必	／ 8 項目	要	／ 29 項目

《メモ》

8. 寝室に付属する洗面・トイレ（風呂・シャワー）室

一般的な設え

8-1 必
トイレのドアの色が、周りの壁とはっきり対比している

色の対比によって、ドアが見やすくなる。

8-2 必
床の色が、家具や設備類の色と対比している

対比によって家具・設備が見やすくなる。このことは安全のために必須。

8-3 必
床の色が壁の色とはっきり対比している

このことにより、床がどこで終わり、どこから壁が始まるかがわかりやすい。

8-4 要
巾木が、床、壁の両方と対比している

このことにより、床がどこで終わり、どこから壁が始まるかがわかりやすい。

8-5 必
床が敷居などの縁を含めて一貫した色である

認知症の人びとはしばしば視覚空間的な問題をもっており、3D（立体的）に見ることができない。床に段差があるように見えないようにして、踏みとどまったり、場合によっては転んだりするのを避けることが重要である。

8-6 要
強い模様の入った壁紙が避けられている

実際の物があるように見える（果物や植物などの）模様や、渦巻き模様、縞模様などはすべて、認知症の人びとには誤って認識される可能性がある。強すぎる視覚刺激は落ち着きを失わせてしまう。

8-7 要
天井・床・カーペットなどは、騒音を抑え、話がよく聞こえるように、音をよく吸収する素材である

耳の不自由な認知症の人びとは、すぐに精神的に参ってしまったり、興奮してしまうことがあるので、このことは非常に重要である。

8-8 必
道案内のために、ドアにサインが付いている

表示サインについては項目 **1-41** 〜 **1-46** を参照。

第Ⅰ部　認知症のための建築デザイン　チェックリスト　41

☐ 8-9 必	バスルームであることが目で見てわかるような設えになっていて、シャンプーとかタオルなどが置いてある	
	部屋の用途がわかっているならば、認知症の人はより適切に振る舞うことができる。	
☐ 8-10 要	部屋には最低限2カ所の照明がある	
	これにより、自分の影を何かに誤認して、慌てて驚いてしまうことなどが最小限になる。	
☐ 8-11 必	壁は、最大限の明るさにするために温かく明るい色を	
	明るい壁の色は、反射光を最大限にして、部屋全体を明るくする。暖かい色は、冷たい滅菌室ではなく、家庭的な感じをもたらす。	
☐ 8-12 必	壁のタイルや防水仕上げなどの素材は、家庭的にみえるものを	
	病院のような色やデザインのものは避けること。	
☐ 8-13 必	壁のタイルや仕上げの色は、便器や洗面器などの衛生設備の色とはっきりと対比している	
	これにより設備品が見やすくなる。トイレの安全性において、このことはとくに重要。	
☐ 8-14 必	壁のタイルや仕上げの色が、手すりの色とはっきりと対比している	
	色の対比により手すりを見やすくしておくことは、安全のために必須。	
☐ 8-15 要	手すりが握りやすいこと	
	丸くて簡単に握りやすい手すりがあるということは、不安のある人がつかまることで安心できることを意味する。	
☐ 8-16 必	家庭的な部屋になっている	
	共同生活をおくっていきたいという認知症の人は、まずいない。したがって、彼らはこれまで馴染んできた寸法の部屋において、より寛ぐことができる。	
☐ 8-17 必	部屋に不愉快な臭いがしないこと	
	認知症の人びとは、自信を喪失しつつある危機的な状況にある。トイレ周りが臭かったりすると、不安が一挙に掻き立てられ、自信を低下させてしまう。	
☐ 8-18 必	部屋には入居者の個人的な持ち物や洗面用具・化粧用具などを置いておけること	
	家庭的なデザインの洗面キャビネット、石けん置き、タオル掛けなど。	

8. 寝室に付属する洗面・トイレ（風呂・シャワー）室

☐ 8-19 要	入居者の自立を支え、希望に応えるために創造的で技術的な機器が使われていること：控えめな警報装置、センサー式のパッド、介助者呼び出しシステムなどを確認すること
	技術的な機器類は、個人のニーズに合っていることが必要。自立してやっていける人たちもいるが、たとえば、あまりにも長くトイレにいるなど、介助を必要としている場面にあるかがわかるための、動きを感知するシステムなどが必要とされる。
☐ 8-20 要	換気扇は静かなものを
	認知症の人は、騒音源が何であるかがわからずに、驚いてしまうことがある。騒音があると、話ができなくなったりする。

トイレ周り

☐ 8-21 必	トイレの座面の色が、トイレ容器の色とはっきりと対比していること
	対比があることによって、座面が見えやすくなる。
☐ 8-22 必	トイレの座面の色が、床の色や明暗とはっきりと対比していること
	対比があることによって、座面が見えやすくなる。
☐ 8-23 要	トイレの水タンクは、昔からのデザインのものを
	トイレの水洗操作など、今までやり慣れてきたことを自分でできることが、自信を保つ助けになる。トイレの水タンクが、馴染みの形をしていれば、自分で操作できる可能性が高まる。
☐ 8-24 要	水栓のハンドルや、上部の水タンクからぶら下がったチェーンのハンドルなどの色は、水タンクの色や背景の壁の色と対比していること
	対比があることによって、ハンドルが見えやすくなる。
☐ 8-25 必	トイレットペーパーのホルダーは、家庭で使われている形のものを
	自立していること、たとえば、トイレットペーパーを自分で使えること、が自信を高めることにつながる。このことは、衛生（感染の予防）にも役立つ。
☐ 8-26 必	トイレットペーパーのホルダー（もしくは、その中のトイレットペーパー）の色が、周りの壁の色とはっきりと対比していること
	対比があることによって、トイレットペーパーやそのホルダーが見えやすくなる。

8・寝室に付属する洗面・トイレ（風呂・シャワー）室

第Ⅰ部　認知症のための建築デザイン　チェックリスト　43

□ 8-27 必	トイレットペーパーは、トイレから簡単に届くところに：トイレに座ってみて、その位置や高さを確認すること
	自立していること、たとえば、トイレットペーパーを自分で使えること、が自信につながる。このことは、衛生（感染の予防）にも役立つ。
□ 8-28 要	車椅子やリフターからトイレへの移動のために、とくに2人の介助が必要になる場合に備えて、十分なスペースがあること
	認知症の人が平穏で楽にしていられる状態であれば、誰にとっても難しいことは生じないで済む。

洗面周り

□ 8-29 要	洗面器の水洗金具は、昔からのデザインの（上部に、回す取っ手が付いている）ものを
	自立していること、たとえば、自分で手が洗えること、が自信を高めることにつながる。このことは、衛生（感染の予防）にも役立つ。上部に回す取っ手が付いている水洗金具は、昔から普通のものであるから、わかりやすい。
□ 8-30 要	洗面器の水洗金具は、操作のしやすいものを
	自立していること、たとえば、自分で手が洗えること、が自信を高めることにつながる。このことは、衛生（感染の予防）にも役立つ。
□ 8-31 要	洗面器の水洗金具は、どちらが湯で、どちらが水かがわかるように、はっきりとした表示がある
	自立していること、たとえば、自分で手が洗えること、が自信を高めることにつながる。このことは、衛生（感染の予防）にも役立つ。
□ 8-32 要	鏡は、見やすい場所にあること。場所と高さ（たとえば、洗面器の上にあること）を確認すること
	鏡を誤認しないためには、普通の場所になければならない。車椅子の利用者のための鏡の位置もまた考えておく必要がある。
□ 8-33 要	鏡は、取り外せるか、もしくは簡単に隠せるように設えられている
	認知症の人のなかには、鏡だということが認識できず、中に人がいることを見て怖がる人がいる。

シャワー・風呂周り

□ 8-34 要	洗面・風呂用品のための棚が近くにあること
	シャンプーや石けんは床に置くのではなく、目に入る高さに置けるようになっていること。目に入ることによって、これから何をするべきかを理解する助けになる。たとえば、洗面器のかたわらに歯磨きと歯ブラシがあれば、歯磨きを始めるうえでの助けになる。

☐ 8-35 必	シャワーや風呂の水洗金具は、操作がわかりやすい単純なものを
	認知症の人は、(可能であれば) 自分である程度コントロールできることが、リラックスできることにつながる。
☐ 8-36 必	シャワーや風呂の水洗金具は、どちらが湯で、どちらが水かがわかるように、はっきりとした表示があること
	認知症の人は、(可能であれば) 自分である程度コントロールできることが、リラックスできることにつながる。
☐ 8-37 要	シャワーを浴びるときに、(たとえば、シャワー・カーテンなど) プライバシーを保てるような設えがある
	認知症の人のなかには、裸が外から見られないようになっていないと、シャワーでリラックスできない人もいる。
☐ 8-38 要	車椅子やリフターからシャワーや風呂への移動のために、とくに 2 人の介助が必要になる場合に備えて、十分なスペースがあること
	きちんと対応できる状態になっていることが、認知症の人を、平穏で楽にさせることにつながる。

8. 寝室に付属する洗面・トイレ (風呂・シャワー) 室 チェック数　小計	必	／20 項目	要	／18 項目

《メモ》

第Ⅰ部　認知症のための建築デザイン　チェックリスト　45

9. 共用のトイレ・バスルーム

共用のトイレ・バスルーム

□ 9-1 必 トイレのドアの色が、周りの壁とはっきり対比している

色の対比によって、ドアが見やすくなる。

□ 9-2 必 道案内のために、ドアにサインが付いている

表示サインについては項目 **1-41** 〜 **1-46** を参照。

□ 9-3 必 バスルームであることが目で見てわかるような設えになっていて、シャンプーやタオルなどが置いてある

共用の浴室では、何の部屋であるかがわかるための個人に応じた手掛かりを置いておくことはできない。したがって、できるだけたくさんの手掛かりがあった方がよい。石けん・タオル・スポンジ・背中を洗う道具などは、すべて部屋の用途を教えることになる。

□ 9-4 必 床の色が、家具や設備類の色と対比している

対比によって家具・設備が見やすくなる。このことは安全のために必須。

□ 9-5 要 巾木が、床、壁の両方と対比している

このことにより、床がどこで終わり、どこから壁が始まるかがわかりやすい。

□ 9-6 必 床が敷居などの縁を含めて一貫した色である

認知症の人びとはしばしば視覚空間的な問題をもっており、3D（立体的）に見ることができない。床に段差があるように見えないようにして、踏みとどまったり、場合によっては転んだりするのを避けることが重要である。

□ 9-7 要 強い模様の入った壁紙が避けられている

実際の物があるように見える（果物や植物などの）模様や、渦巻き模様、縞模様などはすべて、認知症の人びとには誤って認識される可能性がある。

□ 9-8 要 天井・床・カーペットなどは、騒音を抑え、話がよく聞こえるように、音をよく吸収する素材である

耳の不自由な認知症の人びとは、孤独になりがちなので、このことは重要である。

☐ 9-9 要	部屋には十分な人工照明がある
	30歳以下の人には、明るすぎるほど。30〜48歳であれば、とても明るく、48歳以上でも明るく感じるくらいの明るさ。

☐ 9-10 要	部屋には最低限2カ所の照明がある
	これにより、自分の影を何かに誤認して、慌て驚いてしまうことなどが最小限になる。

☐ 9-11 要	メインの照明が、バスタブの真上に付いていないこと
	照明を直接見るような姿勢で風呂に入るのでは、リラックスできない。

☐ 9-12 必	壁は、最大限の明るさにするために温かく明るい色を
	明るい壁の色は、反射光を最大限にして、部屋全体を明るくする。暖かい色は、冷たい滅菌室ではなく、家庭的な感じをもたらす。

☐ 9-13 必	壁のタイルや防水仕上げなどの素材は、家庭的にみえるものを
	病院のような色やデザインのものは避けること。

☐ 9-14 必	壁のタイルや仕上げの色は、便器や洗面器などの衛生設備の色とはっきりと対比している
	これにより設備品が見やすくなる。トイレの安全性において、このことはとくに重要。

☐ 9-15 必	壁のタイルや仕上げの色が、手すりの色とはっきりと対比している
	色の対比により手すりを見やすくしておくことは、安全のために必須。

☐ 9-16 必	家庭的な部屋になっている
	共同生活をおくっていきたいという認知症の人は、まずいない。したがって、彼らはこれまで馴染んできた寸法の部屋において、より寛ぐことができる。

☐ 9-17 必	部屋に不愉快な臭いがしないこと
	認知症の人びとは、自信を喪失しつつある危機的な状況にある。トイレ周りが臭かったりすると、不安が一挙に掻き立てられ、自信を低下させてしまう。

☐ 9-18 要	手すりが握りやすいこと
	丸くて簡単に握りやすい手すりがあるということは、不安のある人がつかまることで安心できることを意味する。

9. 共用のトイレ・バスルーム

第Ⅰ部　認知症のための建築デザイン　チェックリスト　47

□	9-19 必	入居者の必要に応じた、バス・トイレ用の介助器具が備えられている
		認知症の人が平穏で楽にしていられる状態であれば、誰にとっても難しいことは生じないで済む。
□	9-20 要	車椅子やリフターからトイレへの移動のために、とくに2人の介助が必要になる場合に備えて、十分なスペースがあること
		きちんと対応できる状態になっていることが、認知症の人を、平穏で楽にさせることにつながる。
□	9-21 要	換気扇は静かなものを
		認知症の人は、騒音源が何であるかがわからずに、驚いてしまうことがある。騒音があると、話ができなくなったりする。

トイレ周り

□	9-22 必	トイレの座面の色が、トイレ容器の色とはっきりと対比していること
		対比があることによって、座面が見えやすくなる。
□	9-23 必	トイレの座面の色が、床の色や明暗とはっきりと対比していること
		対比があることによって、座面が見えやすくなる。
□	9-24 要	トイレの水タンクは、昔からのデザインのものを
		トイレの水洗操作など、今までやり慣れてきたことを自分でできることが、自信を保つ助けになる。トイレの水タンクが、馴染みの形をしていれば、自分で操作できる可能性が高まる。
□	9-25 要	水栓のハンドルや、上部の水タンクからぶら下がったチェーンのハンドルなどの色は、水タンクの色や背景の壁の色と対比していること
		対比があることによって、ハンドルが見えやすくなる。
□	9-26 要	トイレットペーパーのホルダーは、家庭で使われている形のものを
		自立していること、たとえば、トイレットペーパーを自分で使えること、が自信を高めることにつながる。このことは、衛生（感染の予防）にも役立つ。

☐ 9-27 要	トイレットペーパーのホルダー（もしくは、その中のトイレットペーパー）の色が、周りの壁の色とはっきりと対比していること
	対比があることによって、トイレットペーパーやそのホルダーが見えやすくなる。
☐ 9-28 必	トイレットペーパーは、トイレから簡単に届くところに。トイレに座ってみて、その位置や高さを確認すること
	自立していること、たとえば、トイレットペーパーを自分で使えることが自信につながる。このことは、衛生（感染の予防）にも役立つ。

洗面周り

☐ 9-29 要	洗面器の水洗金具は、昔からのデザインの（上部に、回す取っ手が付いている）ものを
	自立していること、たとえば、自分で手が洗えることが自信を高めることにつながる。このことは、衛生（感染の予防）にも役立つ。上部に回す取っ手が付いている水洗金具は、昔から普通のものであるから、わかりやすい。
☐ 9-30 要	洗面器の水洗金具は、操作のしやすいものを
	自立していること、たとえば、自分で手が洗えることが自信を高めることにつながる。このことは、衛生（感染の予防）にも役立つ。
☐ 9-31 要	洗面器の水洗金具は、どちらが湯で、どちらが水かがわかるように、はっきりとした表示がある
	自立していること、たとえば、自分で手が洗えることが自信を高めることにつながる。このことは、衛生（感染の予防）にも役立つ。
☐ 9-32 要	鏡は、見やすい場所にあること
	鏡を誤認しないためには、普通の場所になければならない。車椅子の利用者のための鏡の位置もまた考えておく必要がある。
☐ 9-33 要	鏡は、取り外せるか、もしくは簡単に隠せるように設えられている
	認知症の人のなかには、鏡だということが認識できず、中に人がいることを見て怖がる人がいる。

シャワー・風呂周り

☐ 9-34 要	洗面・風呂用品のための棚が近くにあること
	シャンプーや石けんは床に置くのではなく、目に入る高さに置けるようになっていること。目に入ることによって、これから何をするべきかを理解する助けになる。たとえば、洗面器のかたわらに歯磨きと歯ブラシがあれば、歯磨きを始めるうえでの助けになる。

9・共用のトイレ・バスルーム

第Ⅰ部　認知症のための建築デザイン　チェックリスト　　49

□ 9-35 必	シャワーや風呂の水洗金具は、操作がわかりやすい単純なものを。試して確認してみること
	認知症の人は、（可能であれば）自分である程度コントロールできることが、リラックスできることにつながる。

□ 9-36 必	シャワーや風呂の水洗金具は、どちらが湯で、どちらが水かがわかるように、はっきりとした表示があること
	認知症の人は、（可能であれば）自分である程度コントロールできることが、リラックスできることにつながる。

□ 9-37 要	シャワーを浴びるときに、（たとえば、シャワーカーテンなど）プライバシーを保てるような設えがある
	認知症の人のなかには、裸が外から見られないようになっていないと、シャワーでリラックスできない人もいる。

□ 9-38 要	天井・床・カーペットなどは、騒音を最小限にする設えになっている
	耳の不自由な認知症の人びとは、すぐに精神的に参ってしまったり、興奮してしまうことがあるので、このことは非常に重要である。

□ 9-39 要	換気扇は静かなものを
	認知症の人は、騒音源が何であるかがわからずに、驚いてしまうことがある。騒音があると、話ができなくなったりする。

9. 共用のトイレ・バスルーム チェック数　小計	必	／17 項目	要	／22 項目

《メモ》

10. 屋外エリア

どの種類の屋外エリアであるかを、チェックしてください。
　　　　　□外の庭園　□バルコニー　□舗装されたパティオ
　　　　　□建物・塀で囲まれた中庭　□屋上庭園

□ **10-1**
必

屋外エリアへの出入り口が見える、もしくはわかりやすい案内サインがある

表示サインについては項目 **1-41** ～ **1-46** を参照。

□ **10-2**
必

屋外エリアへのドアの敷居には、段差がないこと

わずか数 mm といえども段差があれば、つまずいたり、手すりなどや歩行器などにつかまろうとする。

□ **10-3**
必

屋外エリアへのドアは、車椅子の利用者のために十分に幅が広いこと

新築の建物の場合、イギリスでは、まっすぐに入る場合のドア幅が最低 800 mm、回転して入る際には 825 mm が必要とされている。既存建築の場合は、それぞれ 750 mm、775 mm に緩和されている。

□ **10-4**
必

屋上庭園への出入りはバリアフリーであること

バリアフリーとは、障害物がないことに加え、段差に見誤る可能性がある色の変化もないこと。

□ **10-5**
必

建物内部の床の色と外部エリアの地面の色の対比は、最小限であること

敷居で色が変わると、そこに段違いがあるように誤認される可能性がある。

□ **10-6**
必

昼間は、外部エリアに出られること。出入り口に鍵が掛かっていないことを確認すること

外に出たいときに出られることによって、攻撃的な行動が抑えられるという、しっかりした研究結果がある。外に出て日光を浴びることは、体内時計を維持し、睡眠を改善することにもつながる。

□ **10-7**
必

（屋上庭園の場合を除き）、共用スペース（ラウンジなど）に出入り口がある。共用スペースに立って、庭園・バルコニー・屋上テラスへの出入り口が直接見えるか、わかりやすい案内サインが見えることを確認すること

認知症の人は、ほとんどの時間を共用スペースで過ごす。したがって、どうやって出るかを覚えるためには、このスペースから直接外部エリアが見える必要がある。そうなっていれば、外へ出た人たちをスタッフが見守るのも容易である。見守りが用意ならば、自分で外に出るようにと居住者を励ますことにつながる可能性も高まる。

第Ⅰ部　認知症のための建築デザイン　チェックリスト　　51

□ 10-8 必	外部エリアのスロープには、手すりがある。1：20 以上の勾配には手すりが設けられていることを確認すること
	手すりがあることは、高さが違っていることを知らせるだけでなく、それを使えば安心だという感覚を伝えることにもなる。手すりは使いやすく、はっきりと見えなくてはならない。
□ 10-9 必	外から建物へ戻る際の出入り口が、外部エリアからはっきりと見える。建物に戻るための、はっきりと見やすい表示サインがあることを確認すること
	表示サインについては項目 **1-41** ～ **1-46** を参照。
□ 10-10 必	この出入り口のドアは周りの壁の色と、はっきりと対比していること
	色が対比していれば、ドアが見やすくなる。
□ 10-11 必	ドアの位置がわかるのを助けるために、目印となる標本植物や彫刻などが置いてある
	認知症の人の道案内には、目に見える目印の存在が役立つ。
□ 10-12 必	ドアのノブは、使いやすいものを
	使いにくそうな形をしていると、使うことを思いとどめてしまう。
□ 10-13 必	ドアのノブは、わかりやすいものを
	認知症の人のためのハンドル類は、昔ながらのデザインの、すぐにそれとわかる形であるべき。
□ 10-14 必	ドアのノブは、開けやすいものを
	鍵の掛かったドアと同じように、ノブが開けにくければ、ストレスやフラストレーションをもたらす。
□ 10-15 必	ドアのノブは、見やすくドアとはっきりと対比していること
	対比していれば、ノブが見やすくなる。

10・屋外エリア

安全への配慮	
☐ 10-16 必	外部スペースは囲われていること
	付き添いなしには外へ出られないことを確信していられれば、入居者が自由に外へ出ても、スタッフはリラックスしていられる。と同時に、認知症の人にとって、檻に入れられてしまったと感じさせるようであってはならない。囲いのフェンスの縦桟は植栽などによって内側から見えないようにしておく必要がある。バルコニーや屋上テラスの柵は最低でも 1.1 m の高さにして、内側に傾けるなどして、容易に乗り越えられないようにしておかなければならない。
☐ 10-17 必	囲いは乗り越えるのが困難、もしくは不可能につくってある（柵の内側には足を掛けるところがない、もしくは水平の部材がない）。
	付き添いなしには外へ出られないことを確信していられれば、入居者が自由に外へ出ても、スタッフはリラックスしていられる。と同時に、認知症の人にとって、檻に入れられてしまったと感じさせるようであってはならない。囲いのフェンスの縦桟は植栽などによって内側から見えないようにしておく必要がある。
☐ 10-18 必	囲いのところまで行けないように、障害となるような植物が植えてある
	フェンスの脇に植物が植えられていると、囲いを乗り越えるのがより一層困難になるとともに、フェンスの存在を隠すことができる。障害物として置かれているのでない限りは、フェンスに沿ってプランターボックスなどを置いてはならない。プランターに足を掛けて乗り越えやすくなる可能性がある。
☐ 10-19 必	地面の高さが（1 段もしくはかなりの高さで）違っているところがあれば、境に手すりのついた柵が付けられている。柵は 1.1 mの高さがあること、落差が大きいところでは、柵がさらに高くなっていること、また上部が内側に傾けてあることを確認すること
	高さ 1.1 m は、イギリスの法的基準であるが、認知症の人のためには、上部を内側に傾けるとか、全体を高くつくっておくなどの、さらなる用心が欲しい。
☐ 10-20 要	屋外の照明は、均等に配置されていること。屋外の照明器具を確認すること
	主な照明は、目の高さよりも高い位置になければならない。低い柱型の照明などは、影が生じるので、認知症の人を混乱させることになる。
☐ 10-21 要	柵や手すりなどによって生じる影が、混乱要因にならないこと。方位を確認すること
	柵の影によって、歩道に縞模様ができると、視覚に障害がある人にとっては、影の部分に穴があいているように見えるので、怖がらせることになり得る。
☐ 10-22 要	門は、それとはわからないように設えてある
	明らかに門だとわかるような門に鍵が掛かっていると、監獄に入れられているように感じ、フラストレーションを起こす可能性がある。

第Ⅰ部　認知症のための建築デザイン　チェックリスト

□ 10-23 要	ハンドルや掛け金などが、目に見えないようになっている
	門だとはわからないように、掛け金などは見えないようにしておくべき。鍵が掛かっていることが明らかな門は、監獄に入れられているように感じさせ、フラストレーションを起こす可能性がある。
□ 10-24 必	舗装には段差がないこと
	ごく小さな段差であっても、つまずきの原因になり得る。認知症の人はしばしば足を引きずるようにして歩く。樹木の根によって、通路や舗装の端部が持ち上がったりしていないかをチェックすること。
□ 10-25 必	舗装は滑らないこと
	滑らないようになってはいるが、足を引きずるようにして歩く認知症の人にとって、歩きにくいほどにはゴツゴツとしていないこと。また、触れたり転んだときにも擦りむくことのないものを。
□ 10-26 必	舗装は光らないものを
	反射しやすい舗装は、日光を照り返して眩しく、見にくくなることがある。
□ 10-27 要	舗装の端が、はっきりとしている
	歩道の両側の端部が、色の対比などによってわかりやすくなっていれば、道案内に役立つ。
□ 10-28 要	舗装の端を高くしてある場合は、つまずくことがないように
	とくに、道の方向が変わるところでは、それに気づかずに歩いてしまうと転倒する可能性があるので注意が必要。
□ 10-29 必	屋外スペースは、開いた窓のところまでは居住者が入っていけないようになっている
	認知症の人は、散歩しているときに突然に窓が開き得るという危険を理解できない。
□ 10-30 要	舗装面はきちんと排水ができること。周りに流れ出た雨水によって土壌に溝ができていないかを確認すること
	舗装面に残っている水は反射するので、穴があいているように誤認され、怖がらせることがある。水溜まりは危険個所になり得る。
□ 10-31 必	上を歩く可能性があるマンホールの蓋などの埋設設備の蓋は、隠されていること
	目の不自由な認知症の人は、歩行路上にある設備の蓋を、穴などの障害物があるかのように見てしまう可能性がある。

設計にあたっての一般的な原則	
☐ 10-32 必	活動の機会があること：高く設えられた花壇、テーブルや椅子を置いたエリア、洗濯場、温室、物置小屋、ゴルフのパットができる芝生などを確認すること
	認知症の人は、自分の家に何か似ていたり、同じようなものがあったりすると、屋外スペースを利用しようとする可能性が高まる。
☐ 10-33 要	屋外スペースは、少なくとも昼間の一部、できれば昼間のほとんどの間、日照があること
	健康のためには、日光から得られるビタミンＤが必須である。朝の外光（太陽でなくとも）は、体内時計をととのえ、睡眠の質やパターンを改善する。
☐ 10-34 要	訪問してくる子供たちのための活動機会がある。ジャングルジムやブランコなどがあるかどうかを確認すること
	遊びの場などがあれば、子供たちが祖父母を訪問しようとする可能性が高まる。子供たちの存在は、他の認知症の人たちにも楽しみを与える。
☐ 10-35 要	パーゴラ、あずまや、見晴らし台などで、空間が分割されている
	認知症の人は、外に出るにあたって、行ってみたいとか、見てみたいと思わせるような何かを必要とすることがよくある。だだっ広い何もない空間を、怖がる人もいる。
☐ 10-36 要	格子垣などによって、空間が分割されている
	だだっ広い何もない空間だと、怖がる人がいる。格子垣は、昔からの庭にはよくあるもので、植物は格子垣に沿って成長していく。
☐ 10-37 要	入居者にとって特別な関心を惹くような仕掛けがある。地方の独特のものとか、彫刻のような芸術作品、風鈴、水の仕掛けなどを確認すること
	認知症の人は、外に出るにあたって、行ってみたいとか、見てみたいとか、話してみたいと思わせるような何かを必要とすることがよくある。
☐ 10-38 要	日陰をつくる樹木があること。庭や屋上テラス、屋上庭園、バルコニーなどに、日光の直射を避けながらも、日当たりがあるような仕掛けがあるかどうかを確認すること
	時期や時間帯によって、人がある程度の日陰を必要とするのは明らか。樹木は、さまざまな段階の日陰を提供することでは理想的である。それとともに、ビタミンＤ摂取のためには、日光を浴びて座っていられるような場所も必要。
☐ 10-39 要	日除けのためのテントやパラソルなどがある。庭や屋上テラス、屋上庭園、バルコニーなどに、日光の直射を避けながらも、日当たりがあるような仕掛けがあるかどうかを確認すること
	時期や時間帯によって、人がある程度の日陰を必要とするのは明らか。しかし、ビタミンＤ摂取のためには、日光を浴びて座っていられるような場所も必要。

第Ⅰ部　認知症のための建築デザイン　チェックリスト　　55

☐ 10-40 要	風除けが考えられている
	屋外スペースは風が吹き抜けるので、高齢者や認知症の人のなかには外に出たがらなくなることがある。したがって風除けがあると役立つ場合がある。
☐ 10-41 必	ベンチなどの野外家具があること
	日なたや日陰など、さまざまなところで座れるようになっていることが重要。屋外の事物に対して、そこに留まって見ていられるためにも椅子が必要。
☐ 10-42 必	座ったり立ち上がったりのための使いやすい肘掛が付いていること
	実際に試してみること。
☐ 10-43 必	椅子などの野外家具は、頑丈につくられていること。座ったり立ち上がったりしてみて、ベンチや椅子が動かないことを確認すること
	実際に試してみること。
☐ 10-44 必	椅子などの野外家具は、安定していること。椅子やテーブルなどが、簡単には動かないこと、寄り掛かったときに倒れたり、移動したりしないことを確認すること
	実際に試してみること。
☐ 10-45 必	家具の色と地面の色との対比がはっきりしていること
	対比があれば家具が見やすくなる。これは安全のためには不可欠。
☐ 10-46 要	庭・バルコニー・屋上テラス・屋上庭園などに設置されている物や家具などは、きちんとした状態であること
	家具などは安全性のためにも、また、これらの家具を利用する人たちの自尊心を高めるうえでも、きちんとしていなければならない。
☐ 10-47 要	建物の入り口の近くに（屋内・屋外は問わないが）トイレがあること。トイレのドアが庭・バルコニー・屋上テラス・屋上庭園などからはっきり見えるか、ドアへのはっきりとした案内サインがあることを確認すること
	認知症の人は、トイレがすぐに見つからないと、不安で落ち着かなくなる。
☐ 10-48 要	騒音が屋内へ反射するのを避けるため、寝室や、スタッフルーム・処置室などの外側には大きな面積の舗装面があってはならない
	音は硬い表面があると反射して窓から室内に侵入するので、不必要な騒音をもたらし得る。

☐ 10-49 要	天候に関わらず、外に出ることができる。柱廊とかベランダなどの屋外スペースに出られるようになっているかを確認すること
	認知症の人は、外に出たいと思ったときに外に出られるだけで落ち着くことが多い。柱廊やベランダなどの中間的なスペースがあると、屋外スペースを必要とする時に役立つ。
☐ 10-50 要	服や履物を替えられる場所がある
	雨ガッパや日除けの帽子、傘などがしまってあって、外に出ようと思ったときに、手にとって身につけられ、外から戻ってきたときには、脱ぐことができるスペースが必要である。
☐ 10-51 要	水やりのための水栓・じょうろ・ホースなどが手近にある
	植物への水やり、飲み水、手洗いなどのため。

デザインの特徴：歩路

☐ 10-52 要	スペースが許すならば、出入り口からぐるりと巡ってもとに戻れるようになっている、もしくは建物の別の出入り口へとつながっている、車椅子が通れる幅の歩路があること
	認知症の人は、通常、歩路にしたがって進んでいくので、そのまま進んでいけば建物の適切な出入り口に戻ってこられるようにすべきである。
☐ 10-53 要	歩路のルートのほぼ全体が、（ラウンジ・食事室などの）共用室もしくはスタッフルームから眺められること
	戸外スペースや歩路がスタッフから見やすくなっていれば、入居者の気持ちにそって、外出を励ましやすくなる。
☐ 10-54 要	歩路の途中に休憩できる場所がいくつかある
	歩路の先に休憩できるところが見えるならば、体の弱い人たちに対して、そこまで歩きたいという目標を与えることになる。
☐ 10-55 要	行き止まりや鍵の掛かった門がない
	行き止まりや鍵の掛かった門は、欲求不満や怒りの原因になる。

デザインの特徴：パティオ

☐ 10-56 要	舗装されたパティオは、使う可能性のある人数に合わせた大きさがある
	椅子の配置などがよく考えられ、バーベキューなどができるパティオの存在は、戸外の活動の促進につながる。

10・屋外エリア

第Ⅰ部　認知症のための建築デザイン　チェックリスト　　57

☐ 10-57 要	パティオの舗装と、そこからの歩路の舗装とに、異なった対比の色が用いられていないこと
	認知症の人びとはしばしば視覚空間的な問題をもっており、3D（立体的）に見ることができない。床の色合いが変化したところで踏みとどまったり、場合によっては転んだりするのを避けるために、平らな床であれば段差があるように見えないようにしておくことが重要である。

デザインの特徴：植物や芝生

☐ 10-58 必	植物は危険でないものを：有毒な植物や棘のある植物が、利用者の行動範囲内にないことを確認すること
	認知症の人は、植物を摘んで口に入れたりすることがあり得る。したがって、行動範囲内に、こうした植物が一切ないようにしておくことが肝心である。

☐ 10-59 要	歩路などの上部に、植物が張り出していないこと
	視力の弱い人びとは、上に張り出した植物に気がつかない場合があり、その結果、怪我をしたり転倒する可能性がある。

☐ 10-60 要	1年を通して楽しめるように、多様な植物があること
	庭の利用者や、庭を眺める人たちに、植物によって季節感を与えることが重要。

☐ 10-61 要	植物を手入れしたりする機会を与えるため、地面から高く設えられた花壇が用意されている
	歩行可能な人や、車椅子の人などのための、異なった高さの花壇。

☐ 10-62 要	花壇などが、よい状態に保たれていること
	植物が健康であり、必要な剪定が行われており、苗床などの土壌がきちんとストックされていること。

☐ 10-63 要	芝生が良い状態に保たれていること。平らであり、水はけがよく、使える状態であることを、確認すること
	認知症の人は、芝生の上を歩きたがることがあるが、このことは思い出の回想にも役立つ。したがって、芝生はきちんと手入れされていることが必要である。

☐ 10-64 要	道しるべになるような樹木・植物・ガーデンファニチャーなどの目標物がある
	認知症の人は、道がわからなくなることを心配している。そこでわかりやすい視覚的な目標物が役に立つ。

10. 屋外エリア 　　チェック数　小計	必	／31 項目	要	／33 項目

11. 一般的な原則

一般的な設計デザインの特徴

☐ **11-1**
要

（図書室とか本棚などの）読書のための設えがある

認知症の人のなかには、読書を習慣にしている人たちがいる。その人たちが本を借り出したり、新聞を読んだりできるための設えが必要。

☐ **11-2**
要

髪をととのえるための設備がある

美容師を訪ねることは、日常的な楽しい活動機会を提供する。それと同時に、自分の容姿がきちんとしていることを保証してくれる。

☐ **11-3**
要

設備や設えには、用途をはっきり示すような、見てそれとわかるような家具や備品が備えられている

認知症の人が、何のための部屋であるかを知っていれば、どのように振る舞えばいいのかが、よりよくわかる。

☐ **11-4**
要

記憶を刺激するような物品を展示しておくためのスペースがある。いつでも立ち寄れる場所にあること、関心を喚起するものであることを確認すること

昔を回想することは、認知症の人にとって楽しく、会話の糸口ともなる。このことが自己を再認識し、自信を高めることにもつながる。

☐ **11-5**
要

火災の際の避難ドアを目立たなくしたり、安全のために入居者が立ち入れないように入り口を隠したりするための、うまいテクニックが使われている。ドアの色が周りの壁に溶け込んでいるとか、周りの壁の巾木や手すりがそのままドアにも使われているなど、を確認すること

使えないドアがうまく隠れていれば、認知症の人がフラストレーションを起こすことを、最小限にし得る。

☐ **11-6**
要

入居者の民族的・文化的・宗教的な背景を尊重するうえでの配慮がある。多様な文化が混在しているときには、祈りの場所などにおいて特定の宗教が目立っていないかを確認すること

人びとの背景は多様であり、親しみを感じ、安心できるものも異なる。したがって、室内装飾などにも気を使わなければならない。建物内における異なる宗教的な祈りの場への配慮も当然である。

☐ **11-7**
必

トイレへと通じるドアは、建物全体のどこのトイレでも同じ色合いにしておくべき

認知症の人は、新たに覚えることが困難である。しかし、もし、すべてのトイレのドアを覚えるのに、1つの手掛かりだけを覚えれば済むというのであれば、覚えられる可能性が高まる。

第Ⅰ部　認知症のための建築デザイン　チェックリスト　59

□ 11-8 必	トイレのドアの色調・明暗は、周りの壁とはっきり対比していなければならない
	対比があれば、トイレのドアが目に入りやすくなる。
□ 11-9 要	建物は全体的に、家庭的な雰囲気になっている。小さな親しみやすい空間スケールであることとともに、診療所のような白っぽいインテリアではないことを確認すること
	椅子の配置は、お互いによく見て聞き、関われるように、小さなグループになるようにまとめること。待合室のように、壁に背にして並べてはいけない。
□ 11-10 要	大きな物品を収納しておくための十分な倉庫スペースがあること。そうすれば、入居者は自分の家具やその他の持ち物を持ち込むことができる。余分になった家具などをどの程度しまっておけるのかを、スタッフと一緒に確認すること
	自分の家具類を持ち込めるためには、倉庫スペースが決定的に重要。
□ 11-11 要	大きく見やすい時計が、たくさんあること
	高齢者は、デジタル表示の時計ではわからない可能性がある。暗くなってもわかるように、時計の近くに照明を必要とすることもある。

11. 一般的な原則　チェック数　小計	必 ／2項目	要 ／9項目

1.～11.のチェック（合格）数 必の合計　（A）		1.～11.のチェック（合格）数 要の合計　（D）	
1.～11.のチェック対象項目数 必の合計　（B）		1.～11.のチェック対象項目数 要の合計　（E）	
必の合格項目の割合 A÷B×100　（C）	必 ％	要の合格項目の割合 D÷E×100　（F）	要 ％

全項目における必の割合……0.32
全項目における要の割合……0.68
よって、
最終スコア＝（C×0.32）＋（F×0.68）

％

第 II 部

屋外環境の
デザイン

認知症にやさしい近隣地域：
正しい方向への一歩

リン・ミッチェル
Lynne Mitchell

エリザベス・バートン
Elizabeth Burton

なぜ認知症にやさしい地域でなければならないのか？

認知症の高齢者にとって戸外に出ることが重要であることには、多くの理由がある。陽の光を浴びることは、ビタミンDの摂取に不可欠であり、このビタミンが体内のカルシウムやリン酸塩を調節することによって、健康な骨や歯が維持される。また、気持ちを高めるホルモンであるセロトニン生成のためにも重要である。自然光を浴び、昼夜のサイクルを過ごすことは、夕暮れ時の気持ちの高ぶりや睡眠障害を抑えることにつながる（Torrington、Tregenz 2007；Marcus 2009）。

認知症の人たちが、活動的で自立した質の高い生活をおくるためには、認知症の人にとってやさしい家や庭のつくりになっていることが重要であるが、同時に、それを支える近隣地域の環境がどのようになっているかも重要である。買い物に行ったり、手紙をポストに入れたり、掛かりつけの医師を訪ねたり、単なる散歩に出掛けたり、といった行動ができることが、身体や精神の健康を維持し、自立した生活能力をより長く保つのに役立つからだ。

残念ながら、近隣地域の環境における物理的な障害によって、人びとのこうした生活能力は制限されており、認知症の人びとの多くが家に縛り付けられてしまっている。（図1）

図1. われわれの研究の協力者たちは、もし外に出られないとなったときの閉所恐怖や孤独感について、「私は、外に出るのが好き。もし出なければ、ゾッとしてしまう」などとしばしば語った。

一般に必要以上に歩き回ることは、認知症にともなうネガティブな症状として、コントロールしたり、止めさせるようにした方がいいとは見られているものの（Marshall、Allan 2006）、ウォーキングは一般的に、健康状態の維持や改善をもたらし、身体障害や慢性疾患になる可能性を減らし、認知機能を改善するという研究がある（Kennedy 2007；Abbot 他 2004；Larson 他 2006；Weuve 他 2004）。「馴染みの通りを歩くということは、楽しかった頃の思い出を心に溢れさせ、心配事を減らしていくきっかけとなり、よりしっかりとした心の安定を感じ、前向きの気持ちへと高める」とウィルソン、ハインズ、セイカー、アベイら（Abbey 他 2007、p.49）が言っているように、近所のお馴染みの環境のなかで歩くということは、不安や混乱を鎮めるのにも役立つ。本研究の協力者の1人は「歩くことは、ずっと好きでやってきたことなので、認知症になったからといって、やめる理由にはならないわ」と言明したのである。（図2）

図2. 歩くことは、体と心の健康のためによい。

認知症の人たちが安全に快適にアクセスでき、利用して楽しむことができる、勝手を知りつくした近隣の地域は、彼らを支

図3. 人びとの支えになる近隣地域の環境は、高齢者を活動的にし、自立と自信を高める。

える環境であり、そのなかで彼らのニーズが叶えられ、新鮮な外気と運動とを楽しみ、魅力的で刺激的な環境に喜びを見いだし、さまざまな人びととの交流を行う場でもある。（図3）

研究協力者たちは、近隣地域をどのように使い、経験していたのか

研究協力者たちのほとんどは、1人で外出するとともに、そのほぼ半数の人たちは毎日外出していた。「外出しているとき、私は世界とつながっているの」と協力者の1人が言っていたように、ほとんどの人たちは、外出を楽しむとともに、自立感や自尊心を大きく高めることにも役立っているようだ。すべての協力者が買い物のために外出していたが、多くは郵便局に行ったり、公園に行ったりもしていた。

　しかしながら、彼らの外出は1回に1カ所に限られているのが一般的であり、社会的に多くのことが要求されるような外出先——図書館、教会、友人たちの訪問、立派な建物が建っている公共広場など——は避ける傾向があることを、われわれは発見した。彼らは、手紙をポストに投函するとか、新聞を買うとか、犬を散歩させるとかの、どちらかといえば簡単な外出を好み、さまざまな活動が行われている通りや公園、小さな広場などでは、肩が凝らずに寛いでいられるように見受けられた。というのも、認知症の人びとは、建物や空間が一体何のためのものなのか、その出入り口はどこにあるのか、それぞれに違う場所でどのように振る舞えばいいのか、周りにいる人たちは一体何をしようとしているのか、といったことについての何らかの手掛かりを求めるべく、しばしば格闘しているからである。彼らの自立的な行動は、自宅から歩ける範囲に限定されがちだ。もはや車を運転することはできないし、1人でバスなどの公共交通を使うこともためらうからだ。しかし、いつも同じ通りや場所に行くのであれば、そうした場所についての認識力や記憶力を高めることに役立つ。

認知症にやさしい地域をデザインする

われわれは調査結果をもとに、認知症にやさしい地域をデザインするための、互いに関連した6つの原則を見出した。

馴染んでいる
馴染んだ環境であれば、人びとは周りの環境を認識して理解することができる。これによって、方向感覚を失って混乱することが防がれ、そうした事態を減らすことができる。

わかりやすい
どこにいるのか、そして、どちらに行くべきなのかがわかれば、空間の方向感覚を喪失したり、混乱や不安を減らすことができる。

特徴がある
地域のさまざまな場所の特徴がつかみやすければ、注意力や集中力を喚起し、方向感覚や道案内の助けになる。

アクセスしやすい
身体的、知覚的、認知的な障害に関わらず、自分が訪ねたいところに行くことができ、入ること

第Ⅱ部　屋外環境のデザイン　　63

ができ、利用することができ、活動ができること。
快適である
さまざまな場所や空間を訪ねて、利用し楽しむにあたって、身体的・心理的な不快感をともなうことなく、安心して気楽に感じられること。
安全である
危害に遭うことを恐れることなく、人びとが地域を利用し、楽しみ、動き回れること。

　われわれは、新たな開発や既存地域の改造において、都市デザインからストリートファニチャーに至る、すべてのスケールにおいて通用する17の鍵となるデザイン提言を見出した。それぞれの提言が、上記のどの原則を満たすものであるのかは、カッコ〈　〉内に示している。

1. 不規則な格子状の街路で囲まれた小さなブロックからなっており、それぞれの交差点における街路の数が最小限になっている　〈わかりやすい〉

研究協力者たちの街歩きに同行することを通して、道に迷ってしまう人びとは、(クル・ド・サックなどのような)交差点の数を極端に少なくした地域とか、街路の長さや形態、建ち並んだ建物などがどれも非常によく似ているような地域、あるいは交差点においてあまりにも多くの方向の中から道を選ばねばならないような地域に住んでいることを発見した。

　一様な格子状の街路パターンは、街路のつながりの点では申し分ないものの、通りや交差点のどれもがよく似ているときには、紛らわしく混乱のもとになる。街路の先が行き止まりになっていて車がUターンできるようになっているクル・ド・サックの街路パターンも、道に迷いやすく混乱させる。これらに比べて、不規則な格子状のパターンは、道同士がダイレクトにつながっているのでわかりやすく、碁盤目状の格子パターンの90°の角度で交差する曲がり角では道の先が死角になってしまうのに比べ、先の見通しもよい。(図4)

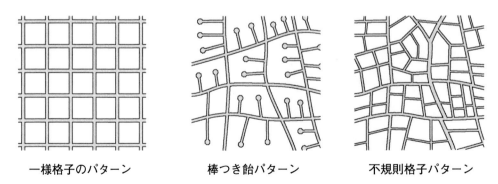

図4. 不規則な格子状の街路パターンは、小さなブロックとなるために周長が短く、街路のつながりがよいだけでなく、ブロックや街路の形状が変化に富む。複雑に枝分かれした交差点が少なく、T字路が主体になっている。

2. 表通りや裏通りの住宅街など、親しみのある街路に序列関係がある 〈馴染んでいる〉

自分が育ってきた、よくわかっている馴染みの環境や、そこに見られる特徴的な景観は、方向感覚や記憶を維持していくのに役立つ。たとえば、一般に表通りは幅広く、大きな建物が並んでいて、1階には商店、上階は住宅やオフィスになっていたりする。一方、表通りから入った脇道は、通常、幅が狭くなり、静かな住宅地になる。街路の様子が、こうした期待に沿っているならば、馴染みがあり予測可能でわかりやすい環境となり、自分がどこにいて、どのように振る舞えばいいのかを理解するうえでの助けになる。(図5)

図5. 街路の景観は、その意図をはっきりと示していなければない。

3. ゆったりと曲がっている道 〈わかりやすい〉

研究協力者の多くは、歩く距離としては長くなるものの、ゆったりと曲がっている道を好んで歩いた。こうした道では、興味をそそる変化があって、必要な集中力が維持されるので、どこに向かっているのかがわからなくなって、取り乱したりすることが避けられる。(図6)

図6. ゆったりと曲がった道は、煩わしさが感じられず、長い直線的な道よりも楽しい。

4. 地域の性格を反映して変化のある街並みや建築 〈特徴がある〉

研究協力者たちに同伴して歩くと、彼らの多くは複雑ではない道順ながら、建物の形や建築の特徴など、たとえ最短距離でなくても、土地利用の変化に富んだルートを選択していた。彼らは「建築デザインの変化が好きなの」とか「ここには地域らしさがあるの」とか「ここは楽しくて華やかなの」などと言いながら、その理由を説明してくれた。変化のある街並みの特徴が、集中力の維持を助けているようである。(図7)

図7. 建築デザインや材料、飾りなどに地域の特色があることは、単調な景観の街路に比べると、集中力を高め、道に迷うことが減る。

5. 地域にさまざまなサービスや施設、オープンスペースなど、土地利用が混在していること 〈アクセスしやすい〉

土地利用が混在していれば、必要な施設やサービスへのアクセスが容易になる。70代半ばの人たちは、400〜500ヤード（約360〜450m）歩くのに（若い人たちでは5〜10分であるのに比べ）10〜20分もかかる。（図8）

図8. 一次的なサービスや施設は、地域に住む高齢者の住まいから500m圏内に、二次的なサービスは800m圏内にあるべきである。
[＊イギリスでは医療は公的なサービスとして行われている]

6. 交通の激しい道と歩道との間に、樹木や芝生の縁どりなどの、見通しのきく緩衝ゾーンがある 〈快適である〉〈安全である〉

研究協力者と一緒に歩いていると、大きな交通騒音や、サイレンなどの突然の音にびっくりして、しばしば集中力を失って混乱することがあった。（図9）

7. 建物や施設のデザインは、用途がわかるものを 〈馴染んでいる〉〈わかりやすい〉

さまざまな場所は、そのタイプに応じて、どのように見えるかについて、人びとは何らかの予想をもっているものである。また、建物の用途についても、それが商店かオフィスか住宅か、といった一般的な視覚イメージをあらかじめもっているものである。もし、建物デザインが馴染みのイメージの通りであれば、何のための建物かがすぐに認識できるのに対して、用途が不明であったり、はじめて見るようなデザインであれば、混乱し、不安になるのである。

図9. 自然による音のバリアとなる緩衝地帯は、街路からの騒音を減らし、景観に緑を加え、歩行者を車から守る。

多くの研究協力者たちは、モダンデザインのベンチや電話ボックス、全自動公衆トイレといったストリートファニチャーの用途が何なのかがわからなかった。しかし、ここで重要なのは、デザインが伝統的かモダンかといったことではなく、デザインがはっきりと施設や建物の目的を示しているべきだということである。（図10）

8. 建物の入り口は、すぐにそれとわかるところに 〈わかりやすい〉〈アクセスしやすい〉

空間がわかりにくいデザインになっていると、認知症の人びとはしばしば、その建物の性格や用途を読みとることが困難になる。したがって、建物は道路に面して建てられ、建物の正面にメインの入り口がはっきりと見えることが必要である。（図11）

9. 目印となる建物（ランドマーク）や環境的な手掛かり 〈わかりやすい〉〈特徴がある〉

研究協力者たちが歩いている様子から、彼らが遠くや近くの目立った建物（ランドマーク）とか、その他の環境の特徴を目印としながら、自分がどこにいるのかを確認しつつ歩き続け、道に迷ってしまったときには、どちらに向かって行き直すべきかの手掛かりにしていることを発見した。目印となっている環境には、次の3つの種類がある。

- 教会・記念碑・市庁舎・橋・塔などの、歴史的な建物とか公共建築物などの目立った建物や構造物
- 公園・自然保護区・テニスコートなど、関心を惹いたり、活動的であったりする場所
- 地域にある特徴的な、物珍しい場所・建物・用途など。ちなみに、研究協力者たちはこうした手掛かりを「歯磨きチューブの家」とか「魔女の生姜パンの家」「醜い大きな端っこの家」などと名付けていた

（図12）

10. 交差点にあるストリートファニチャーや樹木などの特徴 〈わかりやすい〉

目印となる建物とか環境的な手掛かりのほか、研究協力者たちは水場や池、木々や花壇、ストリートファニチャーなどの街の飾りや実用目的の特徴を、道案内の手掛かりとして利用していた。（図13）

図10. モダンデザインは、その用途を明確に伝えるのに、失敗しているものが多い。サイン表示に頼ったものもあるが、これは問題の解決になる場合もあれば、ならない場合もある。

図11. 通りに壁が面しているだけの建物では、何の建物なのか、また、どうやって入るのか、手掛かりがほとんど与えられていない。建物は、通りに向いているべきであり、入り口にポーチや張り出した庇があるとわかりやすい。

図12. 認知症の人は、さまざまな目印（ランドマーク）を利用している。

11. 広く・平らで・凸凹がなく・模様がなく・滑らず・光を反射しない、自転車レーンとは別に設けられている歩道 〈アクセスしやすい〉〈安全である〉

認知症の人は、しばしば混み合った場所で不安が高まり、なぜ人びとが自分に向かってやってくるのか、その意図を理解しようと焦ったりする。認知症の人だけでなく、歩行に障害をもつ人が、安全にすれ違うためには、最低でも2m以上の幅のある歩道が役に立つ。認知症の人は、しばしば歩くのが遅く、不安定な足を引きずるような動きになりがちであり、表面に凹凸があったり舗装材料が均一でないと、よろけたりつまずいたりしないで歩くことが、とりわけ困難になる。視覚が鈍っていたり、奥行きの感覚に障害が出ている場合には、色彩の対比や模様がある舗装は、段差や穴があるように錯覚させることがある。市松模様とか繰り返しの縞模様などはせわしなく、めまいを生じさせることもある。また、テカテカとして光を反射する舗装表面は、濡れていて滑りそうに見える。したがって、舗装には模様をつけず、車道との境界の縁石がはっきりと色彩対比していなければならない。（図14）

図13. 交差点や、まっすぐの単調な道の途中には、道案内の手掛かりとしての特徴があることが、とりわけ有効である。

図14. 舗装に模様があると、めまいを生じたり、視覚障害がある人には段差や穴があるように錯覚させることがある。

研究協力者たちの多くは、自転車レーンと歩行者レーンが線で区切られている場合でも、歩道を走る自転車がぶつかってこないかと非常に不安がった。協力者の1人は、「線のどちら側を歩けばいいのかを憶えておくことはできないわ。そうでなくとも迷子にならないようにするだけで頭がいっぱいなのだから」と言っていた。また、多くが、自転車がスピードを出し過ぎていることへの苦情を述べ、突然背後から現れては抜いていく自転車のせいでバランスを崩し、転倒してしまうのではないかと怖がっていた。

12. 高齢者のための音が聞こえる信号機のついた横断歩道が頻繁にあること 〈安全である〉

交通量が多く広い道路を横断するというのは、誰にとっても容易ではないが、素早く反応できない人や知覚が衰えた人、また運動障害のある人にとっては恐怖そのものでもある。研究協力者たちは、車が横断歩道で止まってくれないことや、安全に渡り終えるまで十分に待ってくれないことに苦情を漏らしていた。イギリスに導入されているパフィン・クロッシングと呼ばれる新型の歩行者横断歩道の信号システム［日本の歩行者用の信号と同じように、信号ボタンを押してしばらく待つと車の信

図15. 横断歩道のシステムは、通りの向かい側に歩行者用の信号機が付いた従来型を基本にして、歩行者が渡り終えるまで車の赤信号が持続するパフィンの機能を取り入れ、さらに視覚障害者のための低音での音声機能を加えることが望ましい。

号が赤に変わるとともに、渡ってもよいとの表示が現れる。歩行者が渡り終えるまで車の赤信号が持続するようになっているが、歩行者が渡り終えると、車の信号は自動的に青に変わるので、車にとっては無駄な赤信号待ちがなくなる］でさえも、研究協力者たちには不評であった。というのも、この信号システムでは道路の向かい側に歩行者用の信号機がないので、自分が渡り終えるまで果たして車が待ってくれるのかどうか、認知症の人にはよくわからないからである。研究協力者たちには［日本のような］歩行者用の信号機がついた横断歩道［イギリスではペリカン・クロッシングと呼ばれている］が、最も安全な横断歩道だと理解されていたのだが、それは使い慣れていることに加え、必ず車が停止することに確信がもてるとともに、横断先の信号が青になっていることを目で見ることができるので安心感が得られるからである。（図15）

13. レベル差は、不可避な場合だけに 〈アクセスしやすい〉

街路でのアクセスのしやすさのためには、どこにもレベル差がないことが望まれるものの、小さなレベル差がどうしても避けられない箇所については、1、2段の段差ではなく、緩いスロープになっている方が、高齢者にとっては見やすく、また通り抜けやすい。大きな段差がある箇所では、1：15以下の勾配となるスロープのほかに、階段も必要となる。（図16）

図16. 階段やスロープがある箇所は、はっきりと表示され、手すりがあり、きちんと照明されている必要がある。仕上げは、滑らず、光らないものを。

14. すべての案内標識は、はっきりと明瞭に 〈わかりやすい〉

認知症の人は、サイン表示を理解するのが、次第に困難になってくる。表示の意味を理解するのに苦労したあげく、自分の目的地の方向ではなく、案内標識の矢印方向に行ってしまったりする。研究協力者たちの様子から、いくつもの案内標識が並んでいたりすると読みとるのが困難になることがわかった。ひとつの案内標識に多くの情報を詰め込んであるものは、複雑すぎて理解困難なものになる。しゃれた字体などを使った案内標識も、一般に曖昧すぎて、何を示しているのかがすぐにわからないことが多かった。いくつもの目的地の矢印表示板を柱に取り付けた、歩行者用の道案内標識は「矢印がどちらを向いているかが紛らわしいし、子供たちが向きを変えてしまうの」などと言って、信用されていなかった。また、図案化した絵を使ったグラフィックな表示も、絵が小さすぎるとか、図案の絵の色が背景の色とはっきり対比していないといった理由で、わかりにくいと批判していた。（図17）

図17. 柱もしくは壁に取り付けた、ひとつの目的地だけを単純にわかりやすく示した標識を、研究協力者たちは好んだ。白っぽい地の上に濃い色の普通の字体で、不可欠な情報だけを、はっきりと大きく書いたもので、絵記号を使う場合は、実物がイメージでき、曖昧ではないものだ。

第Ⅱ部　屋外環境のデザイン　69

15. 公共のベンチは、頑丈で、背もたれがあり、できれば肘掛けのついたものを 〈快適である〉

研究協力者たちは、いくつかの場所に行きたくない理由として、途中に座れるところがないことを挙げていた。多くの高齢者は、途中で休むことなしに 10 分以上歩きつづけることができない。したがって、公共のベンチなどは規則的に、できれば 100～125 m の間隔で、設置されている必要がある。（図 18）

図 18. ベンチは、木材などの温もりのある素材でつくられ、支えや心地よさのために背もたれや肘掛けがついているべきである。

16. 公衆トイレは、地上階に 〈アクセスしやすい〉〈快適である〉〈安全である〉

高齢者の多くは若い人びとに比べると、トイレに行く頻度が高い。したがって、研究協力者たちは安全で清掃が行き届いた入りやすいトイレがないと、そうした場所に行きたがらなかったり、外出を控えたりしていた。研究協力者たちは、新しい自動式の公衆トイレには不信感をもっており、また、そうしたトイレが何なのかがわからずにいた。地下に設けられた公衆トイレについては、ひどく面倒であるとか、入れないと思っていた。地下のトイレは、襲われるのが怖く、また転倒が怖いという理由から、危険だと認識していた。したがい、公衆トイレは従来の形をした建物で、地上階にあるべきである。（図 19）

図 19. 安全で快適で入りやすいトイレは、高齢者が近隣地域に出ていくのを励ます。

17. バス停には、屋根を掛け、透明の壁や大きな窓で囲い、待ち合い用のベンチを 〈快適である〉

可能な限り、バス停には雨風からの何らかの保護が必要である。望むらくは、誰がそこにいるかが外から見えるよう、大きな透明の窓で半分を囲み込む形にして、快適にバスを待てるようにすべきである。また、そこには滑りにくく熱や寒さを伝えにくい材料でできた、長く平らなベンチが置かれるべきである。（図 20）

図 20. 安全で快適で入りやすいバス停の待ち合いは、高齢者が近隣地域に出ていくのを励ます。

認知症にやさしい近隣地域をつくる

どこで？ いつ？

われわれは多くのさまざまな場面における提言をまとめた。理想をいうならば、新たな開発においては、それらのすべての提言を盛り込むべきである。しかしながら、市街地というものは、長い時間をかけてゆっくりと改造されていくものであり、既成市街地における変化の割合は小さい。したがって、上記の提言は、市街地の再開発や地区再生などばかりでなく、さらにはこうしたプロジェクトが計画されていない場合でも、認知症にやさしい近隣地域に改善していく際に用いることができるのである。

　地区にプロジェクトが計画されていない場合には、以下のようなちょっとした改善が認知症の人びとの助けになるであろう。

- 目印になるような建物（ランドマーク）、目を惹く構造物、オープンスペースや、活動が行われる場所などをつくる
- わかりにくい交差点には何かの特徴（たとえば、郵便ポスト、公衆電話ボックス、樹木、彫刻など）を加える
- 公共施設建築の入り口がわかるように、入り口のポーチや庇、また、はっきりとした案内標識をつけ加える
- （たとえば、車道の幅を減らすことによって）歩道の幅を広げる
- 交通の激しい道において、道路と歩道の間に緑の緩衝帯を設ける
- 自転車レーンを歩道から車道へと移す
- 横断歩道を頻繁に設ける
- 段差や階段があるところには、スロープ（傾斜 1：15 以内）を設ける
- 手すりのない階段やスロープには、手すりを加える
- 公共に利用される建物の案内表示がはっきりしていない場合には、できれば建物の壁に直角に、明瞭な表示や絵の記号を取り付ける
- わかりにくい案内標識、不必要な案内標識はすべて取り除く
- わかりにくい道路標識や方向表示はすべて、はっきりとしたものに取り替える
- 既存の建物の並びに（たとえば、ドアや窓の色を別の色に塗り、窓にフラワーボックスを取り付けるなどして）変化を付ける
- 可能なところには、樹木を植えたり、ストリートファニチャーを設置する
- 高齢者に適したベンチ、公衆電話ボックス、屋根のついたバス停、公衆トイレだけを設置する
- 必要な場合にはドアを取り替え、開けるのに 2 kg（約 20N）以上の力を必要としない、レバーハンドルを使うものにする

- 横断歩道における横断時間を長くできるように、必要な場合には音声案内を改善する
- 小石による舗装や、表面に凹凸があったり模様のついた歩道の舗装を、滑らかで模様のないものに交換する
- 街路を混乱させているもの（看板、広告、サインなど）を減らす
- 必要なところには、街灯を増やす

すべてか、無か？

先に述べた17の提言は、われわれが年齢を重ねていくに際して、近隣地域を使いやすく楽しいものにしていく助けとして、その1つ1つに個別の価値があるものである。明らかに、いくつかの提言は、他の提言よりも基本的なものだ。いくつかの提言は、ほぼすべての高齢者に通用するのに対し、他の提言は認知症の人びとだけに役立つものである。

われわれは、まず土地利用が混在していることの重要性を、第一の提言とすべきであったとも思う。なぜならば、歩行に困難を抱えている人にとって、地域施設やサービス、オープンスペースなどは、楽に歩いて行ける範囲にあるべきだからだ。

次に、望みの場所に、高齢者が安全に快適に行けるようにするための提言を行うべきだったと思う。広く凹凸がなく滑りにくい舗装の歩道は、十分な数のベンチや公衆トイレや手すりなどの設置とあいまって、きわめて重要だからだ。

高齢者ができるだけ遠回りをせずに、近道を通って目的地に行けるようになっていることも重要である。格子状の街路であれば、いろいろと道を選びながら近道で行くことができ、行き止まりになっているクル・ド・サックの街路パターンのように、遠回りを強制されたり、迷子になって混乱することが避けられる。

そのほかの提言は、認知症の人びとが道を間違えないようにするためにとくに役立つものである。焦点は、多様性のある環境をつくりだすことにあり、目印となる特徴のある建物や場所などが多くあることである。

6つの原則に立ち返る

認知症にやさしい近隣地域を設計するためには、われわれの6つの原則、あるいは基準・目的が、われわれの提言と同じように重要であることを指摘しておきたい。これら提言は、限られた数の高齢者についての、わずか1回の研究調査から導き出されたものであり、馴染んでいる・わかりやすい・特徴がある・アクセスしやすい・快適である・安全である、という6つの原則を実現するには、まだほかに多くの方法があり得るだろう。

認知症の人たちにやさしいまちづくりを望むならば、高齢者一般のニーズや要望に目を向ける必要がある。すぐれたデザイナーであれば、われわれが思ってもみなかった新しい解決策をもたらすことだって十分にあり得るからである。

すべてをまとめる

デザイナーたちは、屋外環境のデザインにあたって、途方もなく大きな挑戦を行っている。というのも、これらの環境デザインに対しては、多数の異なった要求が突きつけられるからである。

市街地環境には、非常に多くの異なった利用者と、非常に多くの異なった土地利用があり、それらが時間的に変化していくという、複雑性がある。認知症にやさしいまちづくりは、その他の要求をも並行的に配慮していかなくてはならず、そこには対立状況も生じかねない。その際にどちらを優先すべきかは、状況次第だと言えるだろう。街路や近隣地区をつくっていき、また維持していくには、以下のような課題への配慮が必要であろう。（図 21）

図21. すべての利用者のニーズを配慮しなければならない。

- 歴史的遺産の保存
- 環境の持続可能性
- 他の利用者（たとえば、年齢や能力の異なる人びと、来訪者や住民）のニーズ
- デザイナーの要求（たとえば、審美的な目標）
- 開発事業者の要求（たとえば、コスト・利潤性・メンテナンスのしやすさ）

生活全体のための継ぎ目のないデザイン

理想を言えば、われわれの提言は、生活全体における他の側面にも配慮しながら適用されねばならない。歩きやすい街路をつくっても、もし高齢者の住まいが、生活に適さなくなってしまえば、ほとんど役に立つことはないからであり、さらに、高齢者には歩くことだけでなく、個人的もしくは公共的な交通手段も必要であり、こうした交通手段においても、アクセスしやすく快適でなければならないからだ。

質の高い生活のためには、街路だけでなくオープンスペースや公園も必要であり、こうした場所もまた、歩きやすく快適でなければならない。高齢者は商業施設・図書館・医療機関・教会など、さまざまな施設に入って利用することを忘れてはならない。われわれは認知症にやさしい街路のデザインを、椅子のデザインから住宅のデザイン、そして近隣地域のデザインへと至る、1つの新しい総合的なアプローチとして意図しているのである。

まとめ

- 戸外に出ることは、身体と精神の健康にとって重要である

- 戸外の環境に障害があると、多くの認知症の人びとは屋内に縛り付けられてしまう

- 馴染みのある近隣地域を歩くことは、不安や混乱を鎮めることの助けになる

- 認知症にやさしい近隣地域についての新しい考え方を推進していくことは、安全に快適に地域に出歩き、利用し、楽しみ、道に迷わないために、認知症ではない人にとっても助けになるだろう

- 認知症にやさしい近隣地域は、馴染んでいる・わかりやすい・特徴がある・アクセスしやすい・快適である・安全である、という6つの鍵となるデザイン原則にしたがってデザインされるべきである

- 認知症にやさしい近隣地域をデザインするための、もっとも重要な提言は以下の通りである
    - ・土地利用の混在
    - ・広く、平らで、模様がない、滑らない歩道
    - ・十分な数のベンチ、公衆トイレ、横断歩道、屋根のついた待ち合い、手すり
    - ・表通りと脇道とが序列関係を保ち、馴染みのある、不規則な格子状パターンの街路
    - ・用途をはっきりと伝えるような建物や施設、ストリートファニチャーのデザイン
    - ・目印となる特徴のある建物（ランドマーク）や環境的な手掛かりが、さまざまにあること

〈参考文献〉

Abbott, R., White, L., Ross, G., Masaki, K., Curb, D., & Petrovitch, H.(2004). 'Walking and dementia in physically capable elderly men.' Journal of the American Medical Association 292(12): 1447-1453

Burton, E., & Mitchell, L. (2006). Inclusive Urban Design: Street for life. Oxford Architectural Press

Marcus, C. C. (2009). Landscape design: Patient-specific healing gardens. ウェブサイト：http://www.worldhealthdesign.com/Patient-specific-Healing-Gardens.aspx

Kennedy, G. (2007). 'Exercise, aging, and mental health.' Primary Psychiatry 14(4), 23-28

Larson, E., Wang, L., Bowen, J., McCormick, W., Teri, L., Crane, P., & Kukull, W., (2006). 'Exercise is associated with reduced risk for incident dementia among persons 65 years of age and older.' Annals of Internal Medicine 144, 73-81

Marshall, M., & Allan, K. (2006). (Eds.) Dementia: Walking not wandering. London: Hawker

Mitchell, L., & Burton, E. (2006). 'Neighbourhoods for life: Designing dementia-friendly outdoor environments.' Quality in Aging – Policy, Practice and Research 7(1), 89-101

Mitchell, L., & Burton, E., & Raman, S. (2004). 'Dementia-friendly cities: Designing intelligible neigbourhoods for life.' Journal of Urban Design 9(1), 89-101

Sheehan, B., Burton, E., & Mitchell, L (2006). 'Outdoor wayfinding in dementia.' Dementia: International Journal of Social Research and Practice 5(2), 271-281

Torrington, J., & Tregenza, P. (2007). 'Lighting for people with dementia.' Lighting Research and Technology 39(1), 81-97

Weuve, J., Hee Kang, J., Manson, J., Breteler, M., Ware, J., & Grodstein, F., (2004). 'Physical activity, including walking, and cognitive function in older women.' Journal of the American Medical Association 292(12), 1454-1461

Wilson, J., Hines, S., Sacre, S., & Abbey, J. (2007). 'Appropriateness of using a symbol to identify dementia and/or delirium: A systematic review.' Queensland: Dementia Collaborative Research Center

[訳註：この研究においては、アクセスのしやすさとして土地利用が混在していることが強調されているが、実は人口 5,000 〜 7,000 人程度のイギリス（スコットランド）の小さな町では、こうした施設やサービスは町の中心街路に沿った中心部に集中しており、土地利用の混在はまったく見られない。しかしながら、イギリスでは市街地がコンパクトにまとまっているので、町のどこからでも、施設やサービスへのアクセスがよい。図 8 には、それぞれの家の玄関を中心とした半径 500 m と 800 m の円が描かれているが、小さな町では、中心地を中心に同様の円を描くと、市街地のほとんどが円の内部に収まってしまうのである。つまり、小さな町については、土地利用の混在ではなく、市街地がコンパクトであることが、アクセスのしやすさにつながることがわかる。一方、日本の町では、土地利用は混在しているものの、市街地がスプロールしているために、アクセスが困難になっていることに問題がある。

　この点について、訳者は 2017 年 4 月に京都で行われたアルツハイマー病国際大会における認知症デザイン分科会において発表を行った。]

第Ⅱ部　屋外環境のデザイン　　75

第Ⅲ部

チェックリストづくりの根拠となった研究

認知症の人たちのための
物的デザインに関する実証文献レビュー：
研究を実践に移す

リチャード・フレミング
Richard Fleming

パトリック・クルークス
Patrick Crookes

シマ・サム
Shima Sum

◎本報告書［本書第Ⅲ部］について

この文献レビューは、オーストラリア政府の「認知症：保健優先国家構想」の一部をなしているニュー・サウスウェールズ州大学（The University of New South Wales：UNSW）プライマリー認知症共同研究センターからの助成金によって支援されたものである。

　ニュー・サウスウェールズ州大学プライマリー認知症共同研究センターを代表して、版権は©HammondCare（2007）に帰属する。

　本研究において表明された見解は、原著者（の全員もしくはそれぞれ）の見解であり、必ずしもオーストラリア政府のものではない。読者は、本研究に含まれる情報が必ずしもオーストラリア政府によって裏書きされたものではないこと、また、その内容も政府の承認や審査を受けたものではないことを意識しておいていただきたい。

　この文献レビューは、スターリング大学認知症サービス開発センター（DSDC）の「認知症デザインの鑑査ツール（"Dementia Design Audit Tool"）」の一部として再発行されたものである。このレビューに含まれる情報は知的所有権によって保護されており、いかなる形態や手段による複写、記憶媒体への書き込みや転送が禁止されている。

◎著者について

リチャード・フレミング（Richard Fleming）　　1995年よりオーストラリア・シドニーのハモンド・ケア認知症サービス開発センター所長を務めている臨床心理学者

パトリック・クルークス（Patrick Crookes）　　オーストラリア・ウォロンゴン大学・保健行動科学部・学部長

シマ・サム（Shima Sum）　　本レビュー執筆当時はハモンド・ケア認知症サービス開発センターの研究助手。シドニー大学での博士号取得後、現在はイランのバボル大学助教授

78

要旨

スターリング大学認知症サービス開発センターのメリー・マーシャル教授は、認知症の人びとに対する環境デザインに関する2001年までの文献をまとめることにより、認知症に対応した居住施設がもつべき特徴について、次のような提言を行っている。

・小規模

・住宅風で、家庭的

・普段の活動機会の提供（ユニットに付属したキッチン、洗濯場、庭仕事の道具入れなど）

・目立たないようにした安全性への配慮

・機能に応じた別の部屋を用意し、部屋の家具や什器は居住者の年齢に相応しいものを

・安全な外部空間の提供

・個人の所持品をできるだけたくさん置ける広さのある個室

・わかりやすい標識、できれば複数の手掛かり（見えるもの、匂い、音）を用意する

・位置や方向を示すためには、色の違いよりも物を使う

・できるだけよく見通せるようにする

・刺激（とくに騒音）を抑える

　この報告書［本書第Ⅲ部］は、上記の提言についての実証研究をレビューし、その提言を支持する根拠の強さを確認したものである。上記提言に関連した文献として計148の論文を見出したが、本レビューの対象としたのは、十分説得力のあった57の論文である。実証根拠の強さを体系的に評価することにより、上記の提言のなかですでに強い実証的根拠をもっている提言を確認し、さらに、今後研究を要する知識の欠落部分や不確実な部分がどこにあるかを明らかにしたものである。

　既存の研究結果はマーシャルの提言体系を支持しており、安全性への配慮を目立たないようにすることや、個室を含めたさまざまな部屋についての提言、また、見通しをよくすることや刺激を最適レベルに保つことなど、広範な事実を強く支持している。この提言体系は、研究者や実務者たちに共通した考え方をしっかりと集約したものとなっている。

　本レビューにおいて、以下のような既存知識の欠落部分を見出した。今後の研究において特別の注意を払うことを勧告したい。

1. 既存の知識を実施に移すにあたっての障害を、いかにして克服するのか

2. 物的環境と心理社会的環境とが、どのような比重をもって寄与しているのか

3. 寝たきりに特徴づけられる終末期など、後期の認知症ケアに対応した環境のあり方

4. 認知症のための施設と地域コミュニティとの最適な関係づくり

5. 地元の文化を含め、特定の文化に対応したデザインを行うことによる利点とは

6. 若年性認知症の人びとのニーズを満たす環境を提供するには

7. アルツハイマー病を発症したダウン症候群の人たちへの特別なニーズとは

略号

AD   Alzheimer's disease   アルツハイマー病

ADL   activities of daily living   日常生活活動

CADE   confused and disturbed elderly   認知症の高齢者［オーストラリアで使われている用語］

GL   group living   グループホームでの共同生活［英語ではグループホームといわず、グループリビングという］

MMSE   mini mental state examination   ミニ精神状態検査＝認知症診断のための質問セット

NH   nursing home   看護ホーム＝看護士が常駐するホーム

QoL   quality of life   生活の質

RCT   randomized controlled trial   ランダムにコントロールされた試行

SCF   special care facility   特別介護施設＝認知症の人びとのためにつくられた施設

SCU   special care unit   特別介護ユニット＝通常の施設内に設けられた認知症の人びとのための特別ユニット

はじめに

認知症の人びとへの特別な環境づくりがオーストラリアにおいて熱心に取り組まれるようになった歴史は、西オーストラリア州においてはレフロイ（Lefroy、Hyman 他 1997）、ビクトリア州においてはモス（Moss 1983）、南オーストラリア州においてはキッド（Kidd 1987）、ニュー・サウス・ウェールズ州においてはフレミング（Fleming 1987）によって始まった。この段階のデザイン研究は、認知症ケアについて通常の施設的なアプローチが生み出す明らかな誤りを避ける研究が主なものであった（Moss 1983）が、認知症の人びとのためのデザインについて数量的にアプローチした少数事例の研究（Lawton、Fulcomer 他 1984）も行われた。

　過去 20 年以上にわたって、認知症の人びとにとってよいデザインとして欠かせない項目を見出すべく多くの研究が行われてきた。アメリカ、ミネソタ州における SCU（特別介護ユニット）についての総合的な調査（Grant、Kane 他 1995）は、認知症に対する SCU は他の高齢者施設と比べて、次のような違いがあることを示した。すなわち、

> 環境的な特徴は次の通り。すなわち、物的な障壁、特別な床仕上げ、壁面のつくり、特別な色彩、人間工学的な改善措置、家庭的な設え、さまざまな活動のためにデザインされた社会的なスペース、認知症でない人びとと区分された社会的なスペース、安全な戸外スペース、低い視覚刺激、低い聴覚刺激、ラジオやテレビをあまり使わせない方針。特別な照明や特別な安全措置も SCU によく見られる特徴（有意水準 0.001）である。それほど際立った特徴ではないが SCU の特徴（有意水準 0.05）としては、特別の案内標識と、特別の見守り手段がある。

　しかし、次のような指摘もある。

> SCU が普及していくにつれ、デザインのガイドラインが開発され、物的ならびに社会的な環境についての提言が行われてきた。……実証的なデータが欠けているため、SCU のデザイン・マニュアルはもっぱら臨床的な経験や、認知症以外の人たちに対して行われた研究からの推定にもとづいている。
> （Morgan、Stuart 1997）

　マーシャルは、認知症のために特別につくられた施設のデザインについての文献レビュー（Marshall 2001）において、認知症高齢者の居住環境は次のようであるべきだと結論づけている。

- ・障害を補完すべきである
- ・最大限に自立を促し、自分らしさ強化し、自尊心と自信を高める
- ・介助のあり方を職員にはっきりと伝える
- ・位置や方向感覚がわかりやすい
- ・家族や地域の人びとを歓迎する
- ・刺激を調節してバランスがとれる

マーシャルは、認知症の人びとのための質の高い居住施設が備えているべき、いくつかのデザインの特徴をリストにしている。

そのリストには、次のようなデザインの特徴が記されている。

・小規模
・住宅風で、家庭的
・普段の活動機会の提供（ユニットに付属したキッチン、洗濯場、庭仕事の道具入れなど）
・目立たないようにした安全性への配慮
・機能に応じた別の部屋を用意し、部屋の家具や什器は居住者の年齢に相応しいものを
・安全な外部空間の提供
・個人の所持品をできるだけたくさん置ける広さのある個室
・わかりやすい標識、できれば複数の手掛かり（見えるもの、匂い、音）を用意する
・位置や方向を示すためには、色の違いよりも物を使う
・できるだけよく見通せるようにする
・刺激（とくに騒音）を抑える

本報告［本書第Ⅲ部］では、このリストをフレームワークとして用いて、認知症の人びとを対象とする施設のデザインに関する1980年以降に行われた実証論文の文献レビュー調査を進めていった。実証論文をこのリストにしたがって整理していくことは、認知症の人びとのための環境を新たに建築したり、改築・改造したりしていくにあたって、一般的に推奨されている事柄について、われわれがどれだけの確信をもってそう言えるのか、その根拠を知っておくうえでの参考になることを願うからでもある。さらにあらたまって言うならば、本レビューの目的は次の通りである。

・認知症の人びとにとっての障害を軽減し、生活の質を高めるための環境を提供するにあたって、デザイナー・建築家・プランナーを支援するような原則を見出すこと
・デザインの原則を応用していくことを推進するために、筋道の立った戦略的議論のための基盤情報を提供すること

文献をこのレビューで取り上げるにあたって考慮した条件

本研究の妥当性を担保するため、フォーブズ（Forbes 1998）の評価モデルをもとに、評価対象の文献には次のような条件を設けた。なお、フォーブズの方法は、認知症の人びとに対する心理社会的環境の影響についてのレビュー研究においても用いられている（Opie、Rosewarne 他 1999）。

1. 1980年以降に出版されたもの
2. 物的環境の影響の違いについての評価を行っているもの
3. 50歳より上の認知症の人びとに焦点を当てているもの
4. コントロールグループ、テスト前／テスト後、クロスセクションまたは無作為抽出標本調

査が組み込まれたもの

　本レビューにおける物的環境とは、建築家・施設の運営責任者・インテリアデザイナー・造園デザイナーなどが仕事の対象としている環境として定義する。物的環境の違いとは、新たな施設の建物であったり、改装や改築であったり、新たな環境デザイン的な特性を導入するものであったり、これまでの特性（たとえば照明のレベル）を操作変更することなどである。こうした物的環境には、設備備品や家具・調度品なども含む。

レビュー対象とした文献の検索方法

主要なデータベース（Medline、Cinahl、Psycinfo、Embase、Central、ProQuest、Pubmed、Google Scholar、Cochrane）を電子的に検索するとともに、これまでのレビューの参考文献リストに掲載された出版論文や書籍をもチェックした。

　検索において用いたキーワードは、デイ他（Day、Carreon他2000）の研究にならったもので、"dementia"（認知症）、"physical environment"（物的環境）、"home"（家庭）、"nursing home"（看護ホーム）、"assisted living"（アシステッド・リビング）、"day care"（デイ・ケア＝通所サービス）、"hospital"（病院）、"residential care"（施設ケア＝看護師は常駐しない）、"public places"（公共の場）、"resident room"（居室）、"SCU"（特別介護ユニット）、"privacy"（プライバシー）、"security"（安全・安心）、"safety"（安全）、"behavioral changes"（行動の変化）、"behavioral modification"（行動の修正）である。

　参考文献リストの論文については、スキャンしたうえで、検索した文献リストに加えた。

文献の選択

タイトル、キーワード、抄訳、さらに必要な場合には電子的もしくは研究者の手によって、方法論・議論・結論などの部分を検索し、関係がありそうな論文かどうかという観点からふるい分けていった。この作業は、おおざっぱな過程であり、明らかに無関係な論文だけを排除した結果、関係がありそうな332の論文が残された。それらの論文のなかで、手元にあった39の論文がふたりの研究者によって最初にチェックされ、このうち、2人とも妥当性に同意した論文は32であった。残りの7つの論文は、このふるい分けの作業を行っていた研究助手が妥当性ありとしたものであったが、排除されることになった。なお、2人の研究者が残した論文を、研究助手が排除したことはない。こうした作業の結果、242の論文が評価の対象として残された。

研究の実証性についての評価

ふるい分けの過程で残された関連性がありそうだとされた論文は、2人の研究者によってさらに148の論文にまで絞り込まれた。これらの研究については、その実証性の強さを、フォーブズ（Forbes 1998）の評価モデルを使って評価していった。この結果、方法論的に十分質の高い57

の論文が、このレビューの対象として見出された。これらの論文のうち、実証性の強い論文が9、実証性中位の論文が14、実証性の弱い論文が34であった。実証性に乏しいとされた論文は、多くが定性的で描写的なものであり、レビューの対象とはしなかった。

　論文の実証性の評価については、ほかの方法論があまり使われていないこともあり、フォーブズのアプローチ（124頁付録を見よ）を使うことにした。フォーブズのアプローチは、外的な実証性（研究計画の設計、参加率、撤退率）、内的な実証性、統計的な実証性の3点を評価するものであり、その結果として、強い、中位、弱い、乏しい、の4段階の評価を得るものである。最新の環境デザインについての総合的なレビュー（Day、Carreon他2000）では、システマティックな評価は行っていないが、心理社会的研究については、その最近のレビュー（Opie、Rosenwarne他1999；O'connor 2007）ではフォーブズのアプローチが用いられている。フォーブズのアプローチは、環境デザインに関する文献評価のために特別に調整された方法ではないものの、コクラン（Cochrane）データベースを使った明るい光のセラピー効果についての文献レビュー（Forbes、Morgan他2004）においても用いられている。環境デザインに関する実証研究と心理社会的な実証研究の実証性の強さがともにフォーブズの基準で評価されることになり、両者の比較の機会を提供することにもなる。

　実際にフォーブズのアプローチを適用した際は、2人の評価者は、文献の実証性の評価における合意にあたって多くの議論を要することになった。とりわけナマジ（Namazi）の研究における統計データの扱いが記述的であったために実証性が弱いと評価されたことや、あるいは非常に高齢な人びとを対象にする場合にありがちな、撤退率が高くなってしまうという理由で実証性が弱いと評価が出てしまうことなど、重要な研究に対しての評価についての記載方法をめぐる議論である。したがって、このレビューでの実証性の評価については、そうした点への慎重な配慮を行っている。

　環境デザインについての文献の質は、全体的に見ると高いものではない。また環境デザインについての文献の量も限られている。そのため、実証性が弱いと評価された論文も加えた57文献について報告することとした。しかしながら、実証性の強い研究結果があるなかで、実証性が弱いとされた研究結果については、どれだけの信頼度をもって受け止めるべきか、また、そうした研究結果を実地に適用すべきかどうかにあたっては、読者の判断に委ねたいと思う。実証性が弱いと評価された研究をこのレビューに含めたのは、これらの研究における発見の価値を守りたいからである。新しい研究の貢献について触れず、フォーブズ評価にも不確実性があることを認めなければ、これらの研究結果は消えてしまうであろう。

　以下、マーシャルのリストのそれぞれの項目について、まずは実証研究として強い評価を得た研究結果について、その次に関連する研究報告のなかで実証性が中位や弱いとされた研究報告について議論を行っていく。ただし、直接的に関連する論文がある場合などにおいては、議論の展開のうえで、適宜、弱い評価の論文であっても、強い評価の論文よりも先に論じることがある。強い評価の論文であってもマーシャルのリストにうまく当てはまらないものについては、別の項目を立てたうえで、そうした論文内容を報告し、マーシャルの提言体系にもたらす意味合いについて検討する。

小規模

規模は、施設のベッド数、あるいは1人あたりの床面積によって定義される。

　ひとつの施設内でのベッド数が少ないことの効果は、SCF（特別介護施設）を「通常の病院型の施設」と比較することで調査された（Reimer、Slaughter 他 2004、フォーブズの評価＝強）。すなわち、

> 「老人医学的な環境の進歩のための協会（The Society for the Advancement of Gerontological Environments）」から新たな建築デザイン賞を受賞した SCF は、居住者の密度を減らしていることに特徴があり、それぞれ 10 人ずつが、6 つの独立した平屋の二軒長屋（セミ・デタッチド）に分かれて居住する。

　SCF（特別介護施設）は、SCU（特別介護ユニット）の進化過程における次のステップとして表現できる。SCF は "通常の施設に比べて、より快適、家庭的で、選択の余地やプライバシーを高めたものであり、そこでは、個人に応じた接し方や意味のある活動なども行われる。このことは物的な環境が異なれば、介護にあたる人びとの知識やスキルも高まることが必要なことを示している。

　比較研究では SCF の居住者たちは次のような経験をしたことを示している。すなわち、

> 通常型の施設の入居者たちと比べると、日常生活活動の低下が少なく、環境への興味が長く持続し、否定的な感情をもつことが少なかった。集中力、記憶力、方向感覚、抑うつ感情、社会的な接触を避けて引きこもる、といった事柄では両者の差異は見られなかった。

しかしながら、SCF は同時に次のような特徴をもっている。

> スタッフ人数の割合を高めることにより、入居者1人1人に応じた介護・余暇・リハビリ活動などを（ときどき介入するセラピストなどの専門家ではなく）介護スタッフに一元化でき、また生物の多様な環境（たとえば、多世代のスタッフ構成、ともに暮らすペット、植物など）を可能にしている。こうした物的環境と日々の活動の組み合わせは、ごく一般の家庭のようであり、入居者は台所を手伝ったり、床を掃除したり、暖炉のそばに座ったり、囲われた小さな庭に出たりすることができる。

　したがって、こうした違いを小規模という特徴だけを抜きだして評価することはできなくなる。
　これらの多くの要因をランダム化コントロールした研究（Zeisel、Silverstein 他 2003、フォーブズの評価＝強）では、大きな施設の方がよい、「施設規模が大きいほど——居住者の多くがSCU に入ることになるので——、社会的な接触を避けて引きこもることが少なくなる」という結果を得ている。
　施設規模——大規模であれ小規模であれ——と身体的な攻撃行動への影響については、SCUと通常型の看護ホームの入居者 695 人のサンプルからは有意な相関は見られていない（Leon、

第Ⅲ部　チェックリストづくりの根拠となった研究　　85

Orly 1999、フォーブズの評価＝中）。しかしながら、この研究では 150 床を超えるものを大規模な施設としているので、本当に小規模な施設の効果が埋もれてしまっている可能性がある。

　小さなグループホーム入居者と通常型の看護ホーム入居者を比較した研究（Annestedt 1993、フォーブズの評価＝中）では、小規模であることが入居者とスタッフが 1 つのグループとして一緒に働きやすくし、高い能力と仕事への満足につながっているという結果を得ている。ただし、この研究では小規模施設では余計に行われていた介護職員の訓練についての要因コントロールがなされていない。この研究では、さらに小規模の方が身体機能面でもよいこと、日常生活活動の維持（やわずかな）改善につながること、抗生剤および精神作用薬の服用が少なくなっていることも報告している。

　同様の結果は、同じ著者による後の研究でも報告されており（Annestedt 1997）、この研究では GL（グループリビング）環境における 28 人を、同様の年齢・診断症状・身体的・社会的な依存状態にある NH（看護ホーム）の 29 人と比較している。GL の環境は、小規模（9 床）であるとともに、親しみのもてる家庭的な設えや安全性に、意図的に配慮したものである。

> 観察を始めた最初の 1 年で、GL の患者には NH のグループと比べて、明確な改善が見られた。ただし、障害程度がさらに大きくなった患者については、環境工学による効果は強くは観察されなかった。つまり、(a) GL の患者は、知的能力・運動能力や ADL（日常生活活動）における生活能力を高く保持しており、(b) GL の患者は、攻撃性や不安・抑うつを示すことが少なく、(c) GL の介護では精神治療や精神安定剤の服用が少なくなり、(d) GL では骨折や尿漏れを起こす患者も少なかった（有意ではない）。これらのグループ間には、時間的な経過による症状の悪化の違いがあった。3 年を経過すると、GL と NH のグループに身体的・精神的な依存状況に違いが見られなくなった。（Annerstedt 1997）

　この研究は統計的な検定などの統計分析を行っていないため、フォーブズの評価による実証性は弱いものとなっている。

　認知症の人たちのための 53 の特別介護ユニットの調査（Sloan 1998、各ユニットの入居者がランダム化コントロールされていないため、フォーブズの評価＝弱）では、ユニットの規模が大きくなるほど、入居者の落ち着きがなくなり、知的能力の低下が大きくなり、感情的な混乱が高まることを見出している。

> 大きなユニット規模が入居者の落ち着きのなさを高めるということは、小規模なユニットとか大きなユニットを小さなサブユニットに区分けするという、一般的に普及してきた設計コンセプトが、過剰な刺激を低下させ、入居者の興奮を最小限に抑えることにつながる。

しかしながら、この研究における多変量分析では次のことが示された。すなわち、

> 物的環境の質全体の指標とスタッフ・入居者間のやりとりを示す指標には、ユニットの落ち着きのなさのレベルとの強い相関が見られた。実際、これら 2 つの数値の相関は非常に高く、実際上は代替可能であり、その効果を切り離すことができないほどであった。この発見は、物的な環境と人間的な環境のど

ちらもが、アルツハイマー病における興奮状態への対処にあたって重要であるということだけでなく、実態は、物的環境もしくは人間的な環境の質は、それぞれ互いに相ともなっていることを示している。

　この研究は、環境の諸要素を、環境を構成するほかの要素から分離することの困難さを強調するものとなっている。
　11 床の特別認知症ユニット（フェアヘブン（Fairhaven））と 4 階建ての看護ホームとの定性的な比較では、小規模であることがよりよいコミュニティ生活につながることを示唆しているものの、著者たちは小規模であることの効果を同時に作用している他の要因から切り離すことができていない。

　　介護スタッフの継続性や介護スタッフに入居者との個別の関係を奨励していくフェアヘブンで実践されている介護の社会的モデルは、コミュニティの形成を助けているように見える。もう 1 つの重要な点は、キッチンや日常の小さな交際スペース、自分で行ける戸外のスペースなど、入居者がどこへでもすぐに行ける小規模な施設であることが、疑似コミュニティ行動をもたらすことにつながっていることである。フェアヘブンにおいて実践しているアクティビティプログラムもまた、入居者に自己表現させたり、ニーズや能力の変化に合わせたものであり、コミュニティ形成の重要な要因となっている。これら環境的・プログラム的な特徴の背後にあり、それを支えているのは、柔軟性、選択の自由、個人の能力や自立を奨励していくという、この施設の哲学である。（McAllister、Silverman 1999）

　この研究は定性的であるために、フォーブズの基準においては、実証性に乏しいという評価になっている。
　10 カ所の大規模施設（16 床以上）と 12 カ所の小規模施設を比較した定量的な調査（Quincy、Adam 他 2005、要因をコントロールしていないクロスセクション分析のため、フォーブズの評価＝弱）では、妄想・幻覚・興奮や攻撃性・身体違和感・神経不安・多幸症状・無関心・脱抑制・短気・異常行動・睡眠や食欲や摂食障害などの神経精神症状として表れる生活の質と施設の規模との間には、関係が見られないことを示している。この研究では、生活の質について ADRQL（アルツハイマー病に関係する生活の質を観察者が尺度評価する方法で、とりわけ感度の高いものではない。Rabins、Kasper 他 2000）を用いて計測している。
　上記の研究とは逆の結果が、イギリスの 38 カ所の老人ホーム・看護ホームについて行った別のクロスセクション分析（Torrington 2006、フォーブズの評価＝弱）から得られている。この研究では、小規模を 30 床以下、31〜40 床を中規模、41 床以上を大規模と定義しており、快適さ・正常さ・選択性・抑制性において、小規模施設が最も高い評価点数を得ている。全体的な幸福度を示す点数（認知症ケア・マッピングによって計測した）は、大規模施設では小規模・中規模施設に比べて一貫して低く（13％）、後者の点数はそれぞれ 38％、33％であった。
　もうひとつのクロスセクションによる大規模・小規模施設の比較研究（Kuhn、Kasayka 他 2002）は、この問題についての混乱ぶりを示している。この研究は、以下のように述べている。

　　認知症専用の小規模（10〜28 人）施設の居住者と、認知症専用ではない大規模（40〜63 人）施設の居

住者の間には顕著な違いがあることが指摘される。後者の方が、生活の質および互いの関わりや活動に関して、高い点数を得ていた。

　認知症のレベルあるいはさまざまな介護方法をコントロールして行った研究は、前例がない。したがって、これまでの研究結果はごく限られたものであり、クロスセクション分析によっては因果関係についての情報を得るのは不可能であるということが明らかになったにすぎないと考えるべきであろう。

　こうした研究は、施設規模（1ユニットの居住人数）の効果に関わる結論についての問題点がどこにあるかを明確に示している。小規模施設の方が家庭的で馴染める環境であり、安全でもあることが一般的である一方で、こうした条件を同一に保ちながら、施設の規模だけを変化させることは到底できないからである。したがって、認知症ユニットが小規模な方が、大規模施設よりもよいという見解を支持する多くの研究にもかかわらず、そうした結論は［ランダム化という統計手法が行われていないので］決定的とは言い難いのである。同時に、これらの実証研究は、認知症専門ユニットにおける小規模であることやその他の属性の組み合わせが、認知症が進行した後期の人びとに対しては大して役に立つものではないことをも示唆している。

　居住者の問題行動に及ぼす空間の大きさの影響については、グループホームにおける生活についての2つの研究が行われている（Bowie、Mountain 1997；Einstahl、Annerstedt 他 1997、フォーブズの評価＝弱）。それらの研究結果は、病棟の空間の大きさと、問題行動のレベル間には関連がないことを示している。

　　これまで GL（グループリビング）ユニットの空間は、見当識障害を防止し、混乱を防ぐために小さいことが必要だと考えられてきた。しかしながら、われわれは混乱した行動と、ユニット全体の面積やアクティビティエリアの全体面積あるいは全体の面積に対するアクティビティエリアの面積の比率との間には、何ら関連性がないことを発見した。（Einstahl、Annerstedt 他 1997）

　さらにアインスタール（Einstahl）らは、「交流空間の比率が小さいこと」が見当識障害のレベルを高め、「居住者の元気のなさ」をもたらしがちであることを観察している。このことは、あるレベル以下にまで小規模になると逆の効果が出てきてしまうという最小規模の存在の証拠を提出したとも理解できよう。

　在来型の看護ホームから SCU（特別介護ユニット）への入居者が転居する前後における行動や空間利用について比較した研究（Kovach、Weisman 他 1997、フォーブズの評価＝弱）では、社交的な行動が増加するのは、ユニットの物的・人数的な規模の小ささに帰せられるとしている。スタッフと家族からの意見はそれとは対照的であり（Morgan、Stewart 1997、フォーブズの評価＝弱・定性的）、新しいユニットにおける追加的な面積は環境を低密度にして徘徊行動をしやすくする一方、騒音を低下させ一般的な活動をも減らすので、面積の増加と居住人数の減少は社交的な交流を低下させてしまうと見ている。この問題に対処するためには、コンパクトな設計を行いつつ居住者の数を減らすことを推奨している。

　食事スペースが物的にも人数的にも小さなユニットへと移った入居者の転居前後における行動

を比較した研究（Schwartz、Chaudhury 他 2004、フォーブズの評価＝弱）では、次のような改善効果が報告されている。

> かつて 25〜30 人の居住者のために食事を提供していたスペースを改造し、あらたな食事スペースが8〜10 人の居住者に対応するものになった。改造前の大きな食事スペースに比べると、新しい食事スペースでは混乱や興奮行動が生じる件数が減っていたことを、行動マッピングのデータが示していた。昔のスペースに比べて新しい食事スペースでは、スタッフたちが居住者たちとの会話をより長く持続できるようになったと見られる。新たな食事スペースにおけるグループの規模が小さくなったことが、食事中の混乱行動が他の人びととへと連鎖反応を広げてしまう可能性を低下させたのである。

アルツハイマー専門のホームと在来型の看護ホームとを定性的に比べた研究（McAllister、Silverman 1999、フォーブズの評価＝弱）では、特別ユニットが小規模であることが、高いレベルでのコミュニティ形成やそこでの社会的な相互作用に寄与していることを示唆している。最近のイギリスの研究によると、大規模なホームと健康と安全性の配慮を強調することとの間には興味深い関連性があり、その結果、大規模なホームでは活動の楽しみが減り、環境をコントロールする能力が低下してしまうことを見出している（Torrington 2006）。

　以上を要約すると、一緒に生活する人数という意味での小規模性が、認知症の人びとに対するさまざまなよい結果につながるという主張は、広範な実証研究によって支持されている。ADL（日常生活行動）の機能低下を遅らせること、周りの環境に対する持続的な関心を高めること、攻撃性や不安や抑うつ症状の減少、精神安定剤の投与の減少、高レベルのコミュニティなどである。ただし、最もよくコントロールされた研究（Zeisel、Silverstein 他 2003）では、大規模施設と社会的な引きこもりの少なさに関連があり、興奮や攻撃性・抑うつ症状や精神的症状については、有意な関連性はないというものであった。しかしながら、認知症のために設計されたユニットに共通してみられるような家庭的であるとか安全への配慮とか親しみやすさといった他の環境要素を比較しつつ、ユニットの規模ついてだけの寄与を定量的に分析することはもともと不可能でもある。

住宅風で、家庭的

家庭的な環境を提供することの効果についての厳密な測定は、2 つのやり方で行われてきている。ひとつは、家庭的な施設における施設介護と［自宅に居住する］地域介護とを比べる方法であり、もうひとつはさまざまな施設介護における家庭的なレベルの違いを比較する方法である。

　認知症のために設計された家庭的な環境について、最初にランダム化コントロールした研究はオーストラリアで行われた（Wells、Jorm 1987、フォーブズの評価＝強）。環境の様子は、次のように記されている。

> 屋内と庭ではできるかぎりの安全策がとられており、家庭的な雰囲気につくられている。ほとんどの寝

室は1人部屋であり、居住者は自分のベッドや小さな家具類を運び込んでいる。施設にはいくつかのリビングもしくは多目的な活動のための部屋、およびキッチン付きの食事室がある。可能なところには住宅風の室内仕上げや備品が使われ、寝室と浴室以外にはカーペット・タイルが用いられている。ケアプログラムには、ノーマライゼーションの哲学にもとづき、ユニット内で働くすべてのスタッフが参加している。プログラムは継続的にアセスメントされ、個人プログラムの見直しが行われている。

　入居者たちには、比較対象とされたショートステイなどの地域サービスを利用していた地域に居住する人びとと比べて、病状の進行についての差異は見られなかった。このことは、施設への入所によるトラウマや困難が病状の悪化を加速しがちであることに照らせば、成功であったと記述されている。もうひとつの重要な改善点は、入居者の家族などの介助者のストレスレベルの改善が見られたことである。

　しかしながら、環境についての上記の記述からわかるように、介護スタッフの働き——入居者についての体系的なアセスメントを行い、個人的なプログラムをつくる——が、施設ケアにおける中心部分を成していることは明らかである。一方、地域に居住する対照サンプルの人たちについては、こうしたプログラムが実施されたか否かについての記述がない。したがって、この研究結果は、家庭的な環境の提供とともに、さまざまな一連の介入がなされたこと全体の効果を反映したものだといえる。

　同じような方法によって行われた比較研究——通常の施設よりも快適・家庭的であり、選択の自由やプライバシーがあるSCF（特別介護施設）に居住する認知症の人たち62人のQoL（生活の質）を、従来型の看護ホームに居住する同じような人たち123人と比較した研究（Reimer、Slaughter 他 2004、フォーブズの評価＝強）では、認知症の中期から後期の人びとに対する肯定的な結果が示されている。すなわち、

　　それぞれ10人の入居者が6つの独立した平屋の二軒長屋（セミ・デタッチド）ユニットに分かれ、密度の低さに特徴づけられる‥‥‥SCFでは、スタッフ人数の割合を高めることにより、入居者1人1人に応じた介護・余暇・リハビリ活動などを（ときどき介入するセラピストなどの専門家ではなく）介護スタッフに一元化でき、また生命に関わる多様な環境（たとえば、多世代のスタッフ構成、ともに暮らすペット、植物など）を可能にしている。こうした物的環境と日々の活動の組み合わせは、ごく一般の家庭のようであり、入居者は台所を手伝ったり、床を掃除したり、暖炉のそばに座ったり、囲われた小さな庭に出たりすることができる。

　研究論文の著者たちは、SCFと通常の看護ホーム入居者のランダムな割り付けはできなかったものの、年齢・性別・認知症状の全体的な悪化度・他の持病などを対照させることにより、比較のためのしっかりとした基礎を提供している。すなわち、

　　これはSCFと従来型の施設とを長期間のフォローアップとデータ収集によって比較したはじめての研究である。研究結果から全体的にわかることは、SCFにおける中期から後期の認知症成人のQoLが長期にわたって、病院型の従来施設と変わらないか、もしくはすぐれていたことである。これは、後期の

認知症の人びとの QoL に肯定的な効果を見出した最初の経年的な研究である。とくに FAST［機能テストの１つ］の結果から、SCF におけるグループリビングは、ADL（日常生活行動）機能が、２つのコントロールグループに比べて有意に高かった。さらに、SCF の居住者は、物事への関心や、不安や恐れといった感情面でもよりよい影響が見られている。……この研究結果は、認知症のために設計された物的・社会的な環境が、QoL にポジティブな効果をもつことを示唆している。

不安の減少（p = 0.003）および周りへの関心の増大（p = 0.017）は、しばしば興奮行動の増大（p = 0.087）をともなっている。身体的な興奮状態は「環境的に自由であり、また薬によって抑制されていないことを示しているので、必ずしも否定的な効果ではない」と述べられている。

この論文もまた、複雑な介入全体のポジティブな効果を示したものであり、どこまでが物的環境の効果で、どこまでが「介護者の知識やスキルが高まった」ことによる効果であるかという疑問については、何も答えていない。

こうした変数をコントロールした最新の統計学的な方法による真摯な試みが、15 の特別介護ユニットについての比較研究（Zeisel、Silverstein 他 2003）においてなされている。コントロールの対象としているのは、認知状態、日常生活介助の必要、医師から処方された薬の使用、アルツハイマー病についてスタッフが受けた訓練の量、入居者に対するスタッフの比率、の５つの要因の影響である。この研究は、通常のランダム化比較試験を行うにあたっての実験計画の限界を拡げたものとなっている。階層的なモデル回析技術を用いることによって、個々の入居者を分析単位としながらも、SCU（特別介護ユニット）の比較試験にあたって、標本のランダム割り付けでは明らかにならない環境要因の違いにまつわる問題点を克服したものである。そのため、この研究は標本のランダム化を行っていないにもかかわらず、フォーブズの評価は「強」となっている。この研究は方法論としては興奮させるものの、家庭的な環境についての研究結果は、次のような平凡なものである。

施設風ではない、より住宅風な環境の SCU に居住する人たちは、施設的な環境に住む人たちに比べて、全般的な攻撃性を示すレベルが低かった。

おそらく住宅風の環境における最も際立った特徴は、家庭的な家具・調度品などの設えであろう。病院のような施設的な環境の看護ホームに最も基本的な家庭的な環境要素を導入した場合の効果についての、よくコントロールされた研究（Cohen-Mansfield、Werner 1998、フォーブズの評価＝強）によると、入居者は通常の廊下ではなく、快適な椅子があり、絵が掛かり、コーヒーテーブルや本があり、柑橘植物の香りがする廊下で時を過ごすことを選んでいた。興奮したり、歩き続けたり、出口を探すといった行動が減るという弱い傾向も見られた。さらにこうした環境の代わりに戸外の自然環境を思い起こさせる環境を導入すると、こうした問題行動はさらに減少したものの、両者の差はわずかであった。これらの研究結果は、病院にあるような光った床とか長い廊下といった施設的な環境を変えていくためのあらゆる工夫がすべて有効なのであろうと解釈できる。また、スタッフの技能や知識やその他の社会的な環境の特徴を変えていくためにも役立つであろう。

家庭的な環境は、認知症の人びとの機能低下の防止に何らかの効果があるのであろうか？もし家庭的であることがアメリカのSCUの特徴であり、このことが機能低下の防止に影響するかどうかについていくらかの疑いがあるとすれば（Chappel、Reid 2000）、4つの機能状態について800の施設を対象に行った研究（Phillips 1997、フォーブズの評価＝強）が役立つ。この研究は、SCUの居住者の病状の進行傾向は、認知状態・行動における問題・年齢・性別・居住期間が同じであれば、非SCU居住者と比べて変わりがないことを示している。

　要約するならば、家庭的な環境を用意することについての最強のエビデンスは、攻撃的な行動を減らし、興奮レベルを抑えることにも効果があるという考えを支持している。家庭的であることが、スタッフのスキルや知識を高める場合も含み、介入の一部として行われるときには、生活の質、不安、周りへの関心といった事柄にも有益な効果をもつことの強いエビデンスがある。家庭的な環境に住む認知症の人びとは、レスパイト［介護者を何日か休ませるためのショートステイなどのサービス］やデイケアなど、1987年当時に得られた地域サービスのもとで自宅で暮らす場合と同様の環境が期待できるということになる。しかしながら、家庭的な環境が認知機能の低下を遅らせると信じさせる根拠はない。

　さらに付け加えるならば、家庭的な環境に対する肯定的な結論は、しばしば統計学的には弱い方法論の研究から得られている。こうした研究は、家庭的な環境がもっている性質について、光を当てたものでもある。

　スウェーデンのアネステット（Annestedt）らは、通常の看護ホームに入居した対照グループと比較することにより、6カ月後の段階においては認知症のための特別に設計されたグループホームの入居者の運動や感覚機能がはっきりとすぐれており（p＜0.001）、知的機能および認知症にしばしば随伴する症状においてもすぐれている（p＜0.01）ことを示していたものの、12カ月後になると、両者の間には統計的に有意な違いは見られなくなったことを示している（Annestedt 1993、フォーブズの評価＝中）。しかしながら、後期の認知症における6カ月間の改善状態は非常に価値があるものであることは明記されるべきであろう。グループホームのユニットは、小規模で家庭的にデザインされていたのである。残念ながら、この研究では、スタッフの訓練レベルについてはコントロールが行われておらず、環境の違いを含めた“介入の全体的な結果”についてだけを比較したものになっている。

　年齢・診断結果・身体的な依存度を揃えた標本についての研究（Annestedt 1997、統計分析について記述不足のため、フォーブズの評価＝弱）によると、家庭的なグループホームは、「社会的な個人として活動することができる」認知症状のある段階までについては有効であることが示されている。この期間内においては、「GL（グループリビング）は二次的な症状を緩和し、自立を保持する療法として機能し得る」としている。しかしながら、物的な環境は、介入の一部にすぎないことをアネステットは明言している。しかも、グループの入居者は認知症の種類や進行状況において同質であり、スタッフはよく教育され、認知症状に対する共感的な理解があり、能力が高く、小規模で安全性が確保された家庭的な環境で、案内のサインや目印などが設えられていることが、この研究の前提になっている。

　上記に関連した研究（Elmstahl、Annestedt他1997、フォーブズの評価＝弱）の中で、レイマー（Raimer）らによる高レベルの興奮状態についての研究結果（Reimer、Slaughter他2004）が裏

付けられている。エルムスタール（Elmstahl）らは、「非常に家庭的だと分類された GL ユニットに居住する患者の方が、適度に家庭的な GL ユニットに比べて、落ち着きのなさが顕著に高かった」ことを報告している。

　家庭的な環境と、認知症の人びととのさまざまな生活面や症状については、その関係性を測定すべく、多くのクロスセクションによる研究が試みられてきている。クロスセクション分析の性質上、因果関係を明らかにすることが不可能であるだけでなく、しばしば仮説を裏付ける回答よりも、多くの疑問を生み出している。

　家庭的ということを定義しようとしたシステマティックな試み（Quincy、Adams 他 2005、クロスセクションのため、フォーブズの評価＝弱）では、比較対象の 22 施設に対してホプキンス（Hopkins）の家庭環境評価尺度（HHERS: Hopkins Home-like Environmental Rating Scale）を適用している。「各施設についての家庭的な雰囲気を把握するために、14 項目の測定方法が設計された。この評価尺度は、次の 2 つの下位の尺度からなっている。すなわち家庭的な社会環境（たとえば、入居者と社会的に関わる施設の介護者）および、家庭的な物理環境（たとえば、入居者の個人的な好みに合わせた寝室の設え）」の 2 つである。

　この研究では、次のような結論を述べている。

　　仮説とは逆に、環境的な要素——とりわけ規模や家庭的な設え——と生活の質は、意味のある関連をもってはいない。家庭的な環境や施設規模は、興奮状態・抑うつ状態・無気力や無関心・生活面での苛立ちなどの諸症状を和らげることはないように見受けられる。

　治療的な環境のスクリーニング尺度（TESS-2+: Therapeutic Environmental Screening Scale）を用いて測定した家庭的な環境の度合いと、入居者とスタッフの観察チェックリスト（RSOC: Resident and Staff Observation Checklist）を用いて測定した興奮状態の度合いとの関係を調べた 53 の SCU（特別介護ユニット）についてのクロスセクション調査（Sloane、Mitchell 他 1998、フォーブズの評価＝弱）においても、同様な否定的な結論が得られている。日中のある時間をベッドで過ごすことによる低い刺激や小規模であることが、興奮レベルを下げることを示したのに対し、家庭的であることにはそうした効果がなかったのである。

　新しく認知症のために設計された環境についてのスタッフや家族の意見に関する最近の定性的な研究（Cloffi、Fleming 他 2007、フォーブズの評価＝弱）によると、家庭的であることは、雰囲気が快適である・家のように見える・家庭的な食事の場がある・家にいるように感じられる・家の台所のようである・静かである・明るく風通しがよい・平和である・束縛がない・家族を歓待できる・子供たちにとっても快適である、といった概念につながっていることを示唆している。著者たちは、次のように結んでいる。

　　本研究は SCU のような改善された環境によって、入居者にとっての QoL、家族にとっての看護ホームの経験、スタッフにとっての労働環境をよりよいものにできることを示した。入居者にとっては、興奮状態の低減や睡眠パターンの改善、自由度の増大と食欲の増加の結果として QoL が改善する。家族にとっては、明るく風通しがよく、庭に出ることができる家のような雰囲気であることが、家族の一員を

第Ⅲ部　チェックリストづくりの根拠となった研究　　93

介護してもらうことや、訪問することを気持ちのよいものにしてくれるので、看護ホームの経験がより
よいものになる。スタッフにとっては、仕事場が便利になり、入居者を見守りやすくなり、よりよいケ
アが提供できることによって、労働環境が改善する。スタッフは、入居者の安全についても、より安心
していられることになる。

SCU のデザインについて入居者の家族が評価するのは、家庭のような家族的な環境であり静かな雰囲
気である。そして、こうしたデザインの特徴が、SCU を訪問しやすく心地よいものにしている。SCU
の台所や食事室の設えはとても家庭的であり、このことが入居者の体重の増加にもつながっている。

　家庭的な環境を用意することが、それだけで認知症の人びとによい結果を生むという実証事実
は明らかに欠如している。介護についての適切な理念や技能の高いスタッフに加えて、すぐれた
経営の実践がともなっていなければならない（Atkinson 1995；Rosewarne、Opie 他 1997；Moore
1999）。

普段の活動の機会

建物が住宅のように見えることは、家庭的な環境であることの 1 つの要素にすぎない。家庭のよ
うに見えるとともに、居住者たちが家庭における日常生活を特徴づける普段の活動に従事する機
会が提供されていなければならない。こうした活動の多くはキッチンや食事室が中心である。こ
うした活動の裏にある根本理念は、居住者たちはサービスの消極的な受け手であってはならず、
どんなに小さかろうとも貢献する機会が与えられなければならない、というものである。換言す
れば、居住者は能力をもったパートナーの 1 人だと見なされなければならないのだ（Kihlgren、
Hallgren 他 1994）。
　このアプローチを支持する最強の実証（Reighmer、Sraughter 他 2004、フォーブズの評価＝強）
は「居住者が台所作業や床掃除を手伝うことができ、暖炉の脇に座ったり、小さな囲われた庭に
出られるといった典型的な家庭のような物的な環境と日常生活が整えられた」特別介護施設での
研究によってなされたものである。この研究結果には、対照グループに比べて ADL（日常生活
活動）機能低下が少ないこと（p=0.16）、不安が少ないこと（p=0.003）、物事への関心が高まる
こと（p=0.003）が含まれる。しかしながら、対照グループに比べて、この環境は小規模であり、
住宅風に設計されていたのであり、当該特性の効果だけを抜き出すことは不可能である。
　患者たちが日常活動に従事することによるポジティブな影響についての最も基本的な証明は、
通路空間などに置かれた各自の椅子への配膳ではなく、食卓を囲んでの食事という馴染みの経験
が、社会的な交流の増加や食事マナーの改善につながっているということである（Melin、
Gotestam 1981、フォーブズの評価＝強）。著者たちは、次のように書いている。

　しかしながら、患者の周りの環境の変化が活動の増加に自動的につながるわけではない。患者の行動の
ポジティブな効果を確証するには、予備的な分析を行う必要がある。

交流の可能性を増し、強めていくためには、単に患者同士を互いに近づけて座らせるといったことだけでは不十分であり、できることなら患者同士を互いに依存させるような社会環境をユニットにつくり上げることが必要なのである。本研究では、食事の仕方を変えて、患者は食卓から必要なものを取ってもらうために話しかける必要があるようにしたのである。(Melin、Gotestam 1981、下線を追加)

　通常の活動においても、よりパーソナルな介護として、身づくろいなどを含めることができる。食事の準備などに関わる機会などを含む豊かな環境において、こうした活動に関わることは、居住者の QoL に、よい効果があることについては明らかなエビデンスがある（Wood、Harris 他2005、フォーブズの評価＝弱）。しかしながら、この研究では、環境づくりが効果をもつためには、施設のスタッフが積極的に、また狙いをもって介入することが必要であることを示唆している。

　　普通の活動ができる環境についての必要性が差し迫って生じるのは、大抵、スタッフが入居者のポジティブな行動や気持ちを持続的に支えるべく、状況に対処しようとするときである。ADL（日常生活活動）の時間とか、いくつかの活動グループなどが、こうした状況をつくり出す。(Wood、Harris 他 2005)

ウッド（Wood）らは、次のように結論づけている。

　　それゆえ、おそらく最も重要なことは、療法的にデザインされ、美しく、家庭風な建築空間を、いかにして生き生きとした仕事空間へと最高度に変換するかということであるとともに、こうした変換を現実のものにするうえで、いかなる人的・制度的な助けや献身的な努力が必要とされるかということに関心を払うべきだということである。

　ニュー・サウス・ウェールズ州の CADE（認知症の高齢者）ユニットは、入居者に家事活動の機会を与えるように設計され、スタッフはこうした活動を行い、奨励するように訓練されている（Atkinson 1995）。最初にできた 3 ユニットについての最初の 15 カ月の運営評価（Fleming 1989、フォーブズの評価＝弱）では、精神病院の長期入院病棟において確立された基礎測定値での比較によると、自立技能や社会的なふれ合い、振る舞いにあたっての顕著な改善を示している。
　社会的なネットワークやコミュニティ意識の確立にあたっては日常活動が重要であると支持する実証研究が、小規模で家庭的な施設と通常の看護ホームとを定性的に詳しく比較する形で行われている（McAllister、Silverman 1999、フォーブズの評価＝弱、定性的）。居住者の 1 人は、次のような話をしている。

　　「皆が食事をつくってくれるの。私はときどきお皿を洗うのよ——洗う必要はないのだけれど、お手伝いするのよ」彼女はここで食事をつくる必要がないことを感謝しつつも、「家で食事をつくるのは OK だったのよ。だって皆が好きなものを知っていたのだもの」と述べた。(McAllister、Silverman 1999)

このことは環境的な特性やスタッフの介護のやり方が介入の効果に影響することを明示しつ

つ、入居者の受け止め方や意向といったものがまた非常に重要であることを示している。

　上記をまとめるならば、普段の活動の機会を用意することの重要性を支持するエビデンスは強いものとはいえないかもしれない。最良の結果を得ている研究でも、普段の活動が中核的な要因であるというには、あまりにも多くの要因が含まれてしまっている。普段の活動がポジティブな効果を示したという研究（Melin、Gotestam 1981）については、比較すべき対照グループが欠如している。研究において示されたポジティブな反応は、退屈な病棟の環境に変化がもたらされるものであれば、他の手段によってでもよかったのかも知れない。その他の研究は、方法論としての実証性のレベルが低いものであった。

安全性への配慮

安全・セキュリティについては、専門的環境評価規約（PEAP：Professional Environment Assessment Protocol）（Lawton、Weisman 他 2000）において、次のように定義されている。

> 居住者への危険を最小限にするとともに、居住者・スタッフ・家族の安心感を最大化するような環境と言えるもの。これには、入居者の見守りのしやすさ、勝手に外出しないようにすること、動作機能を支えること、安全に配慮した機器の支給などが含まれる。

　認知症の人びとへのケアを提供するべく設計された施設に要求される安全・セキュリティのレベルは、その他の施設よりも高い（Morgan、Stewart 他 2004）。

　認知症の人びとの利用を想定しないで設計された環境において、最も頻繁に生じる問題の1つは、認知症の人びとが外に徘徊してしまい、迷子になったり車に轢かれてしまったりする危険から安全に守ることにある（Rosewarne、Opie 他 1997）。最もわかりやすい解決法は、安全に囲われているエリアを設けることであり、できれば安全に徘徊でき、また外にも出られるようにすることである。

　目立たない安全に囲われた領域があることによってもたらされるポジティブな効果については、次のような所見が見出されている。

> 抑うつ症状は、1つの環境要因——出入り口のデザイン——と逆相関している。出口がうまくカモフラージュされ、警報装置に代わって静かな電子ロックを取り付けてある施設の住人は、抑うつ状態になることが少ないようである。この相関関係を説明する仮説としては、このような環境では入居者が抜け出ようとすることが少なくなるので、ケアスタッフがこうした環境は安全性が高いと考え、自由に動き回ることを入居者に許している、というものである。こうした高い自由度を経験している入居者は、SCUを抜け出そうとしてスタッフに制止されることが減るので、自分の権限が増したように感じ、より自立感が高まり、抑うつ症状の減少につながるというものである。なお、こうした過程を示唆するような個人的な心理状態の違いを測定するためのさらなる研究がなされるまでは、この説明はあくまでも仮説である。（Zeisel、Silverstein 他 2003、フォーブズの評価＝強）

こうした安全性への目立たない配慮は、ウェルズ（Wells）とジョーム（Jorm）（Wells、Jorm 1987、フォーブズの評価＝強）が評価を行った特別看護ホームユニットの重要な特徴のひとつとして取り上げたものであり、入居者および自宅での被介護者の行動の双方にポジティブな効果があったことを報告している。

　安全性への配慮は、スウェーデンおよびイタリアで発展してきたグループホームにおいても重要な特徴になっている（Annestedt 1993；Bianchetti、Benvenuti 他 1997、フォーブズの評価＝中および弱）。しかしながら、これらの研究では「安全性とは何を意味するか」の定義が行われておらず、安全性の定量化も行われていない。

　アネステット（Annestedt）は、居住者がグループホームでの生活において自分らしさを維持していくことに気持ちを向けていく機会がもてるようにするという、安全な環境を用意することの目的を明らかにしている。

> GL で提供されている安全性は、環境上のバリヤーを克服することを容易にしている。安全が確保されていれば、認知症の人びとは自分の領域を広げていくことにエネルギーを使うことができるようになり、日常活動を自分のために役立て、社会生活のヒントをつかみ、建物の造作などを手掛かりに衰えた記憶能力を補完していくことができる。（Annestedt 1997、フォーブズの評価＝弱）

　しかし、この研究においても安全性やセキュリティに対する措置を定量化したり、網羅的に記述する試みは行われていない。

　施錠したドアを気づかれにくくしておくことには、効果があるだろう。しかしながら、もし居住者が戸外に出ることができ、戸外が安全であるとしたならば、その方がさらによいのではないかという疑問が生じる。この疑問に的確に答えたのが、アルツハイマー病と想定される居住者22 人について、安全な戸外に通じるドアを開けようとしてからの30 分間を観察した研究である（Namazi、Johnson 1992a、フォーブズの評価＝弱）。著者たちは、研究結果の重要性を推断する試みは行っていないものの、施錠されたドアに比べて、戸外に通じるドアに出会うことによって、興奮や攻撃性、徘徊行動についての劇的な違いがもたらされたことは明らかである。

　囲われた安全な領域を設定することには、認知症の人びと――混乱しているものの、逃亡しようとしているのではない――を拘束してしまうという望ましくない副作用がある。11 の看護ホームについてのクロスセクション研究において、ロウ（Low）は、よりすぐれたセキュリティ手段の使用や、虚弱な入居者や認知症の入居者に対する特別な手段を数多く使用しているほど、入居者の有害な行動――特に危険行為とか引きこもりの自傷行為――につながっていることを発見している（Low、Draper 他 2004、フォーブズの評価＝弱、各施設への入居者がランダム化されていないことが「評価＝弱」の理由）。安全性の強調が望ましくない副作用をともなうことについては、その後のイギリスでの研究（Torrington 2006、フォーブズの評価＝弱）によっても以下のように支持されている。

> 安全性と健康は、DICE（Describe, Investigate, Create and Evaluate）［とくに薬を使わずに興奮や攻撃行動を抑える介護の方法］研究において、生活の質についての得点と逆に相関していた唯一の領域であっ

た。依存度の低い入居者グループでは、安全性と健康についての得点が高いほど、活動の楽しみや建物内環境をコントロールする能力についての得点が低くなっていた。大規模な建物では、活動の楽しみや環境のコントロールについての得点が一貫して高く、得点の中央値が 79％であったのに対し、中規模や小規模のホームでは、それぞれ 66％、65％であった。

　特別介護ユニットと通常の看護ホームにおける機能低下とを比較した小標本の研究（Chafetz 1991、フォーブズの評価＝弱）では、2 つの安全措置——特別介護ユニットの開設にあたっての主な環境の変化である、出入り口の施錠、および引き出しや収納庫の施錠——についての知見を提供している。この研究結果は、これらの介入が認知能力の低下率とか行動障害の表出に影響するという有意な効果はないということを示唆している。
　以上を要約すると、エビデンスは目立たない安全措置を支持しているものの、安全性を過度に強調することには警告を発している。

部屋の機能の違いに対応した、親しみやすい調度や家具

この原則は、親しんでいること、多様なこと、用途がはっきりしていること、自分の持ち物や場所であること、といった要素を結合したものである。この原則は、パブリックなものからプライベートなものに至る一連のスペースが必要であることを示唆している。ミネソタ州全域の看護ホーム 436 施設を対象にした調査（Grant、Kane 他 1995）において、SCU（特別介護ユニット）と非 SCU との違いが、少人数用の社会的スペースの有無にあることが示されている。このことの重要性を示す最強のエビデンスは、個人化という要因が入居者の幸福感に寄与することがかなり確かであることを示したザイゼル（Zeisel）によるよくコントロールされた研究である（Zeisel、Silverstein 他 2003、フォーブズの評価＝強）。この研究には、以下の引用文が示すような、上記の原則に関わる知見が含まれている。

　　SCU におけるプライバシー＝パーソナライゼーション［自分の場所があること］の程度は、コーエン＝マンスフィールド（Cohen-Mansfield）の全体的攻撃性尺度における患者の得点と逆相関していた。施設においてより多くのプライバシーがある——自分の場所として、自分の持ち物などで設えられることができる——居住者ほど、この尺度の得点が低くなり、不安や攻撃性が低くなることを示した。

　　施設における共用スペースが多様なほど、患者の社会的な引きこもりの得点と逆相関していた。共用スペースが変化に富んでいるほど、入居者の社会的な引きこもりが減っていた。

　　プライバシー＝パーソナライゼーションの得点の高い施設に居住する人びとほど、精神的な問題の尺度における得点が低い傾向があった。

　　共用スペース間の雰囲気に違いがあると、環境に関連した抑うつ症状や、社会的引きこもり、用途につ

いての間違いや取り違い、幻覚などが減少した。

この原則が取り入れられた特別看護ホームユニットについては、ほかにも次の例のような調査がある。

ほとんどは1人部屋であり、居住者は自分のベッドや小さな家具を持ち込んでいる。多目的なリビングあるいは活動のためのエリアと、それとは別にダイニングキッチンがある。（Wells、Jorm 1987、フォーブズの評価＝強）

この研究では、入居者の症状悪化のペースは、コントロールグループである自宅に居住する認知症の人びとと何ら違いがなかったことが示されている。

より実証度の弱い研究（Annestedt 1997、フォーブズの評価＝弱）において、「自室のリビング空間にある自分の持ち物、通常、［プライベートな］ワンルームのリビング兼寝室に加えて、（居住者全員が共用する）リビングエリアおよびキッチン、洗濯室」という記述があるスウェーデンのグループホームの居住者は、（ADLを反映する）知的・運動的・実用的な能力が維持され、攻撃性や不安、抑うつ症状が通常の看護ホームよりも低いことが知られている。しかしながら、こうした結果がスタッフの態度や訓練に起因するのか、それとも他の環境的な特徴に起因するのかを知るすべはない。

親しみのある環境の必要性を強調した初期の研究（Greene、Asp 他 1985、フォーブズの評価＝弱）は、50％の入居者に行動の改善が見られたとしている。認知症の人びとに役立つと考えられる環境づくりについてのわかりやすいヒントに満ちた研究（Holgund、Dimotta 他 1994、フォーブズの評価＝弱）において、ホグランド（Hoglund）らは、多目的なスペースではなく、さまざまな部屋を用意して、それぞれの部屋に特定の目的を与えることが認知症に人びとにはうまく働くことを述べている。

さまざまな用途に応じて、いくつかのスペースが明確に区分されていることは、アルツハイマーの人びとにとって、自分がどこにいてどこに行きたいのかが容易に理解できるので、わかりやすい環境である可能性がある（Passin、Pigot 他 2000；Passin、Rainville 他 1998、フォーブズの評価＝弱）。

上記を要約すると、認知症の人びとに対して多様なスペースが用意されていることは、不安や抑うつを減らす一方、社会との交流の改善に役立ち、施設内の道案内にも役立つという、十分なエビデンスがあるといえる。

戸外のスペース

安全な外部エリアがあることは、SCUの定義における特徴の1つとして示されている（Grant、Kane 他 1995）。戸外へ出られることが、興奮レベルを下げる効果につながることについての詳しい観察研究（Namazi、Johnson 1992a）があることについては「安全性への配慮」の項におい

て述べた。しかしながら、こうした戸外に出られることの効果（善かれ悪しかれ）についての実証的なエビデンスは、ほとんどない。非常によくコントロールされた研究（Zeisel、Silverstein他 2003）において、庭へのアクセスを含めた実証の試みが——庭の存在は確認されたものの実際に居住者が庭にアクセスできるのか否かについての情報がないために——挫折してしまったのは、残念なことであった。

入居者が利用できるアメニティとして設計された外部のエリアをもつ環境についての研究（Wells、Jorm 1987、フォーブズの評価＝強）は存在するものの、戸外エリアが他の要素と比べてどれほどの効果——この研究においては、入居者の機能維持効果——をもつかについての相対的な貢献度を見出すのは不可能である。

造園された庭があることによって楽しみが増すことについては実証研究が行われている（Cox、Burns 他 2004、フォーブズの評価＝中）。この研究は、五感を刺激する 2 種類の環境が認知症の人びとの幸福度を高めるにあたって、いかに有効であるかを調べたものである。五感を刺激する 2 つの環境の 1 つはスヌーズレンルーム［五感を刺激するためのさまざまな素材が置かれた部屋。スヌーズレン＝五感を刺激する療法］であり、もう 1 つが造園された庭である。これら 2 つの環境は、普通のリビング環境での経験と比較された。24 人の認知症の看護ホーム入居者の反応が観察され、スヌーズレンルーム、庭、リビングルームのそれぞれで過ごしている時に測定された。スヌーズレンルームと庭の双方において、リビングルームに比べて悲しい表情を示すことが減り、喜びを表すことが増えていた。しかしながら、これら 3 つの環境のどれにおいても、入居者のもとにスタッフがやってくるときに、喜びがはっきりと増加していた。著者たちは次のように結論づけている。

> 研究参加者たちの幸福度を高めるうえでのそれぞれの環境の効果の違いという点では、定量的なデータによるとほとんど違いがないことが示された。スタッフや介護者へのインタビューによって得られた定性的なデータは、「問題は 3 つの環境について語るかということではなく、語るべきなのは一対一の関係を結ぶ機会であり、質の高い時間であり、より近く感じられることです——そのことが大事なのです」ということであった。

出ることができる戸外エリアを用意することだけでは十分ではない。こうしたスペースが親しみにくかったり、大きすぎたり、複雑でわかりにくかったりすれば、使われないだろう。使うように患者を仕向けるためには「癒しのための庭」をつくるための体系的なアプローチが求められる。庭のエリアが使えるということは、デザインの善し悪しに関わらず、庭がない施設に比べて、攻撃行動や転倒が減っているようである（Mooney 1992、フォーブズの評価＝弱）。

（セキュリティ措置を改善した上で）戸外のパティオ［舗装された中庭］を用意することによって、施設環境を高めた実験では、こうした環境を用意していない対照グループと比べて、認知症の人びとの行動や認知の推移過程に何らの影響の違いをもたらされていない（Chafetz 1991、フォーブズの評価＝弱）。

戸外エリアのある長期介護施設について行われたアメリカ全土についての調査では、戸外エリアの特性や特徴、および、それらが利用者の意識にどのように影響しているかが調べられている

（Cohen-Mansfield、Werner 1999、フォーブズの評価＝弱、調査）。回答者のほとんどは、戸外の
スペースは非常に役立っており、利用者に大いに有用であるとしている。有用であるとの認識は、
あずまやがつくられているといったデザインの特徴や、戸外で行われる活動の回数などに関係し
ていた。しかし、有益であるとするこうした調査結果にもかかわらず、回答者たちはこうしたス
ペースが最大限には利用されていないと述べていた。

　外部エリアがあるのにもかかわらず利用されていないのは、たいていはスタッフの対応が関係
している。施設における他の建築的な特徴にも関係することであるが、快適で安全な外部スペー
スがあること自体には効果がなく、スタッフとの関係が与える影響に比べれば二次的なものでし
かない（Wood、Harris 他 2005）。

　したがって、次のような記述がある一方、

> ……庭は、景観・音・光・色彩・香り・小鳥や小動物などが奏でる一種の交響曲であり、五感への刺激
> を与え、単調さを防ぐための素晴らしい、また楽しい方法である。戸外での小さな庭づくりを生涯の趣
> 味にしていた人への支援など、刺激的で豊かな暮らしをもたらし得るさまざまな活動のためのユニーク
> な機会を提供する。（Brawley 2001）

　スタッフの介入が行われていないところでの庭の有用性を示すような実証研究は欠けている。
そうはいうものの、もしスタッフに時間があるならば、戸外スペースの存在がスタッフと入居者
との相互交流を高めるための機会を提供していることは確実である。

十分な広さがある1人部屋

1人部屋には、プライバシーと社交とを選択できること、自分の好みに部屋を設えられること、
馴染んだ環境や過去とのつながりが得られること、安心感があり自分の個性を支えられること、
入居者が自分で（照明や音量、窓やカーテンの開け閉めの具合など）刺激レベルをコントロール
できること、などに代表される多くの利点が主張されている（Morgan、Stewart 1998）。

　個人や個性を特徴づけている要素を取り出すことはできていないものの、次のような強いエビ
デンスがある。

> SCU（特別介護ユニット）におけるプライバシー＝パーソナライゼーション［自分の場所があること］
> の程度は、コーエン＝マンスフィールドの全体的攻撃性尺度における患者の得点と逆相関（p = 0.019）
> していた。施設においてより多くのプライバシーがある――自分の場所として、自分の持ち物などで設
> えられることができる（パーソナライゼーションの機会をもっている）――居住者ほど、この尺度の得
> 点が低くなり、不安や攻撃性が低くなることを示した。（Zeisel、Silverstein 他 2003、フォーブズの評
> 価＝強）

この研究においては、精神的な症状との逆相関（p = 0.023）も見出されている。

プライベートな部屋があることは、進行したアルツハイマー病やそのほかの関連混乱症状を抱えた人びとのいらだちを減らし、1人で過ごす時間を増やし、睡眠パターンを改善することが示されている（Morgan、Stewart 1998、フォーブズの評価＝中）。1人で過ごす時間というものは、スタッフや親族からは困ったこととしてではなく「自分自身のスペースをもっている」肯定的な機会として捉えられている。

　1人部屋が提供されていることを環境的、心理社会的なパッケージの一部として調査しているために、1人部屋とかプライバシーの提供の効果だけを抜き出すことが不可能な研究（Wells、Jorm 1987；Wood、Harris 他 2005）においては、1人部屋の提供が直接的に支持されているのではないものの、全体的にみた肯定的な結果からは、1人部屋が否定的な効果をもつだろうと考えるべきいかなる理由も提示されていない。

　非協力的な行動が、多人数部屋に関係していることが報告されている（Low、Draper 他 2004、フォーブズの評価＝弱）。しかし、部屋の大きさを扱った実証研究を見つけることはできなかった。

　上記をまとめると、認知症の人びとに1人部屋を提供することを支持する強いエビデンスがいくつか存在している一方で、この結論に矛盾する実証研究結果は存在していない。

わかりやすい案内サインと複数の目印

道案内となるサインや補助的な助けがあることは、認知症の人びとのための特別な環境を設計する多くの場合において不可欠である（Grant、Kane 他 1995）。

> 案内サインには、場所の認識にあたって建築やインテリアデザインの特徴だけでは不十分な際に、役に立つものがある。また、患者に部屋や施設の所在や、また元の場所にどうして戻ったらいいのかを気づかせるためには、方向標識を用いることもある。（Passini、Pigot 他 2000）

　イタリアでの評価報告によると、SCU（特別介護ユニット）に案内サインの利用を取り込んだ設計が、行動症状を低減することにつながるとしている（Bianchetti、Benvenuti 他 1997、フォーブズの評価＝中）。しかし、そこに報告されている他の研究でも述べられているように、案内サインによる影響だけをその他の環境操作やスタッフの対応の変化のなかから抜き出して見るのは不可能である。

　案内サインや目印によっては、逆効果を生むこともある。たとえば、非常口のサインや出口ドアに付けられたパニック・バー［押すだけでドアが開くようにした横に渡した手すり状のハンドル］は、入居者に施設から出るように促す目印のように見えてしまう。こうした場合への対処法は、幾通りもある。出口に黒色のテープを横桟状に貼ることは、アルツハイマー病の4人がドアに触ろうとする回数を97％も低減している（Hewawasam 1996、フォーブズの評価＝中）。出口の前に鏡を取り付けることは、触るなという目印になり、外に出ようとする行動を50％減らしている（Mayer、Darby 1991、フォーブズの評価＝中）。同様の意図の研究（Dickinson、McLain-Kark 1998、フォーブズの評価＝弱）においては、居住ユニットにおける出口ドアの目印として

の機能を弱める方法が探求されている。入居者には３種類のテスト条件——小さなブラインドによってドアからの視界を妨げる、ドアに付けられたパニック・バーを布のパネルで隠す、小さなブラインドと布のパネルの両方を使う、という３つの方法であり、研究結果は、パニック・バーを布のパネルで隠す方法が、出ようとする試行回数を減らしたことを示している。

　ドアに［室名などの］表示サインを取り付ける最もよい位置は、ドアの上方ではなく、認知症の人たちの多くが俯き加減であることに配慮して、ドアの下方、もしくは床の上がよいとする研究（Namazi、Johnson 1991b、フォーブズの評価＝弱）がある。この研究では共用のトイレを使わせる最もよい方法は、トイレの方向に床に描いた矢印にトイレと書き入れたものであった。ドアの目の高さにトイレの絵を描いたものも効果的であったが、床に矢印を描いたものほど有効ではなかった。

　認知症の人びとへのピクトグラム［絵文字］の使用については、実証的な研究があまり行われていないものの、手づくりの鋏のサインによって、それまで自分の部屋以外の部屋を見分けられなかった認知症の人に、美容室がわかるようになったという例がある（Passini、Pigot 他 2000、フォーブズの評価＝弱、定性的）。

　表示サインは、視力が弱い人たちが見られるように、十分に大きくなければならない。例外的な小標本による研究では、大きなサインと方向感覚の訓練の組み合わせは有効であるものの、単にサイン表示を取り付けるだけで、居住者の注意を惹くことがなければ役には立たないことを示している。

　　したがって、サインの表示だけでは、施設ユニットにおける道案内を容易に改善するのには一般的には有効ではないように思われる。しかしながら、道案内についての訓練を前もって行うとか、あるいは道案内についての訓練とサインについての訓練を同時に行っていくことによって効果が高まり、４人の患者のうちの２人がその後の３カ月の追跡期間、効果を維持していた。（Hanley 1981、フォーブズの評価＝弱）

　公共施設における通常のサインがほとんど役に立たないことについては、病院内で目的地を探そうとしていたアルツハイマー病の人びとが遭遇した、道順を見つける際の問題点を分析することによって、注意深く周到に記述されている（Passin、Rainville 他 1998、フォーブズの評価＝弱）。サインに書かれている言葉が理解できずに苦しむ様子の記述が、通常のサイン表示に頼る際の問題点を鮮明にしている。

　　この研究から浮かび上がってくる主要な提言は、道順上に氾濫しているさまざまな情報を整理することである。認知症患者にとっての最大の混乱要因は、道順を見つけようとしている途中に現れる情報のすべてを区別することなく読み取ろうとすることにある。道順上にあるグラフィックな案内表示は明瞭にわかりやすくしたうえで、その数を限るべきであり、その他情報は別のところに掲示すべきである。人びとに広く知らせたい広報的な情報は、小さなアルコーブを特別につくり、そこに掲示するのが有効であろう。こうしたアルコーブは入居者の社会的な交流を促す小さな集会の場にもなり得る。
　　グラフィックな情報は、同じデザインで首尾一貫させ、掲示の場所も決まった位置にするべきである。

第Ⅲ部　チェックリストづくりの根拠となった研究　　103

このことによって、何を見ているのか、どこを見ればよいのかが、利用者にわかるのである。このルールによってグラフィック記号の意味がよく伝わるようになり、利用者の頭が情報で溢れかえってしまうような事態が減るのである。（Passini、Rainville 他 1998）

　入居者の自室のドアがわかるように色を塗っておくことが、有効であるとする実証研究（Lawton 1984、フォーブズの評価＝弱）がある。しかし、この実験のやり方では、このことが有益なのか有害なのかの判断が困難である。

　ところで、もし、複数の目印という考え方を、日時や場所に関する見当識についての目印という考え方に拡大するならば、精神病棟において（スペースの広さ、設備、施設運営のやり方やアクティビティといった条件をコントロールしたうえで）見当識についての目印を乏しくしていった場合に、不適切な行動がより頻繁に生じたとする研究（Bouie、Mountain 1997、フォーブズの評価＝中）がある。

　上記をまとめるならば、認知症の人びとに案内サインが有効であるというエビデンスは限られている。たとえば床に描いた大きな矢印に「トイレ」と書き入れたサインのように、有益な効果があったとするエビデンス（Namazi、Johnson 1991b）は、親しみやすさとか家庭的な環境といった別の原則と矛盾しているように思われる。

道案内に使うのは色ではなく物

場所がわかるようにする案内の方法は、文字や絵文字などのサインや目印だけではない。

　　物的な環境は、解決しなければならない道案内の問題をつくり出すだけではなく、この問題解決についての情報を提供することもできる。こうした情報は、1人1人がどのようにして道を見つけていくのかの違いに合わせて、さまざまな形で提供されねばならない。また、不適切な情報によって患者を混乱させることを防ぐべく、注意を払う必要もある。環境が語る言葉は、その利用者であるアルツハイマー病患者が理解できなければならないのである。（Passini、Pigot 他 2000）

　個人的に親しんできた品物ならすぐにそれとわかるという性質を使って、道案内に役立てることができる。個人の持ち物のなかの重要なものを家族に選んでもらい、自室の前に展示しておくというのは、目立ってはいても自分の持ち物ではない物を展示する場合に比べて、有効だという研究がある（Namazi、Rosner 他 1991、フォーブズの評価＝弱、標本数が少ないため、統計を記述的に用いている）。中程度の認知症の人びとにとっては、個人的に重要な思い出の品物が、最も有用である。機能の高い入居者は、個人の品物でなくとも、馴染みの品物であれば、目印にすることができる。しかし悲しいことに、機能が低くなった入居者については、どちらの方法も役には立たないという研究がある。こうした目印となる品物の性質について詳細に注意深く焦点を当てて追跡・再現した研究（Nolan、Mathews 他 2002、フォーブズの評価＝弱、標本数が少ないため、統計を記述的に用いている）においては、自室の場所を見つけるにあたって、自分の若い

頃の写真を目立つように展示した場合に改善が見られている。これは、現在の写真では効果がなかったことと好対照であった。小標本の 6 人は、中程度の認知症であった。

　個人的な物を展示することによって生じるほかの利点について、示唆している研究がある。すなわち、

> 入居者の部屋の前に取り付けられたガラスのケースには、お気に入りの自分の持ち物や写真などを展示することができる。自分の思い出の品物が共用スペースに置かれていることは、こうした品物にまつわる物語や出来事、人や場所を思い出す可能性を提供するだけでなく、スタッフが居住者たちについての知識を深め、好みや意見や価値観をもった個人として理解していく機会を提供していく。（Kovach、Weisman 他 1997）

　しかしながら、上記の魅力的なアイディアを支持する実証研究は存在していない。

　上記をまとめると、軽度から中度の認知症の人たちの場所案内の目印として、個人の持ち物を使うことを支持するエビデンスは、弱い。

見通しをよくすること

認知症の人びとが何かを見つけようとする場合、もし自分がいるところからそれを見ることができれば、見つけるチャンスが高まるという観察結果から、「施設内全体の見通しをよくする（total visual access）」という考え方に至り、この考え方がオーストラリアの CADE（認知症の高齢者）ユニットに導入された（Fleming 1987）。この結果は、非常にシンプルであり、廊下のない環境である。

　最初の CADE ユニットについての評価は、この形式をもった環境の主な影響が、自助・社会性・行動の改善につながったとするものであるが、もちろんこうした違いは環境面とともに、認知症の人のための特別ユニットの運営における心理社会的要因がともなってもたらされたものである。

　より最近の研究が示しているのは、「認知症患者が、ある地点から次の地点まで、次に何をすべきかについて何も考えずに歩いていけるような」シンプルな建物は、入居者の方向感覚に関係しているだけでなく、入居者がうまく動き回れるようにするには、シンプルな環境に加えて、十分な説明や訓練をともなう必要があることが示唆されていることである（Passini、Rainville 他 1998、フォーブズの評価＝弱）。

　キッチンや食堂・活動室が一緒になった L 形や H 形や四角形のユニット──こうした形状は、多くの活動や時間において、見通しがよいことを示している──では、場所の見当識を失ってしまうことが少ないことが見出されている。真ん中に 1 本の中廊下があるタイプの環境は、落ち着きのなさに大きく関係しており、活気や個性の乏しさにつながっている（Elmstahl、Annerstedt 他 1997、フォーブズの評価＝弱）。

　必要なものが必要なときに見えることの重要性については、トイレを隠れた位置ではなく、見える位置に置くことの効果を調べた実証研究がある（Namazi、Johnson 1991a、フォーブズの評

第Ⅲ部　チェックリストづくりの根拠となった研究　105

価＝弱、統計分析が記述的なため）。認知症の居住者にトイレが見えれば、カーテンで隠されている場合に比べて、使われる可能性が平均して8倍になったという。このことは、失禁を防ぐにあたって顕著な効果があると記述され、歩行可能な軽度〜重度の認知症の入居者に有用であろう。しかしながら、トイレが見えることは、入居者が9.8分ごとにトイレを使う！という結果を招来している。

　上記をまとめると、広くユニット全体について見通しをよくしておくことのエビデンスは、強くはない。しかし、重要な生活設備であるトイレを見やすくすることが、劇的な効果をもっているということは、見通しをよくするという考え方を支持するエビデンスを提供している。

刺激のコントロール

認知症の人びとは、高レベルの刺激に対処することに困難を抱えている。不必要な刺激をカットする能力が減退しているように見える。刺激が強くなりすぎると、彼らの混乱や不安、興奮が高まってしまう（Cleary、Clamon 他 1987）。刺激が強くなりすぎる原因には、患者から見える位置にある人の出入りの多いドアや、散らかった部屋、院内放送システム（Cohen 1991；Brawley 1997）、警報音、大きな音のテレビ（Hall 1986；Evans 1989）、廊下、人混み（Nelson 1995）などである。

　刺激のコントロールは、次の2つに分類される。すなわち、邪魔になる刺激を減らすこと、および、有用な刺激を高めること（Fleming 1987）である。環境を操作やスタッフの対応によって刺激のレベルをコントロールできることは、特別介護ユニットを定義する特徴となっている（Grant、Kane 他 1995；Morgan、Stewart 他 2004）。

　ザイゼル他の研究によって、「感覚についての情報が適切であり、よりコントロールされている所では」言葉による入居者の攻撃性が減ることが示されている（Zeisel、Silverstein 他 2003、フォーブズの評価＝強）。

　さまざまな行動と刺激との間には、立食パーティのテーブルに並んだ料理のように多彩な関係がある。すなわち、

> ほとんどの行動は、周りに騒音があると減少する。例外は注意を促す声を出すことであり、これが周りの騒音をさらに高めてしまう。もう1つの例外は攻撃的な行動であり、高レベルの騒音があると夜間の攻撃的な行動が増える。周囲が寒いときには、行動が増加する傾向がある。例外は［認知症の人が］行ったり来たり歩き続ける行動で、これは普通の気温のときに頻度が高くなる。世話や手当を求めるのは、周囲が暑いときに多くなる。（Cohen-Mansfield、Werner 1995、フォーブズの評価＝強）

　こうした事柄への対応としては、環境を変えること、および（医療的ではなく）心理社会的な介入を行うことを提言している。

　こうした対応を患者11人が入居している低刺激のユニットで行った結果、迷惑行動が減少を見ている。すなわち、

そこでは、ドアは簡単に閉まり、ドアとはわからないようにカモフラージュしてある。4つの部屋には、食事や小グループの活動のためのテーブルが準備された。ユニットの視覚面は、（たとえば、壁に掛けた絵や壁の色など）デザイン・色彩ともに目立たないものが用いられた。1台の非常電話以外の、テレビ・ラジオ・電話といった潜在的な刺激源は取り除かれた。患者はどこへ歩いていくのも自由であり、好きな時間にユニットで食事することも自由であった。事前に計画した通り、休息や小グループの活動は毎日、スケジュール通りに行われた。（Cleary、Clamon 他 1988、フォーブズの評価＝中）

入居して3カ月後、入居者たちは入居前に比べてADL（日常生活活動）において明らかにより多く参加するようになり、制約を受けることが明らかに少なくなった。薬の服用は変わらなかったが、興奮することや徘徊は減った（有意ではない）。入居者間の関係や入居者とスタッフの関係が改善されたことに言及しているが、測定はされていない。結果は控えめなものであり、ケアのやり方がよくなったことによるのか、環境によるのか、その双方によるのか、ということも決定できていない。

出入りが多い玄関ドアのことは、スタッフと患者に対する特別の問題を提示している。これは常に過剰な刺激の源になるとともに、外へ出ようとする誘因にもなるからである。安全性への配慮の項ですでに述べたように、これらの問題を防止するにはドアもしくはドアノブを隠すことで、よい結果——つまり混乱を生じる刺激が減ること（Namazi 1989；Dickinson、McLain-Kark 他 1995）——がもたらされる。

外の世界への誘惑に満ちた景色がドアから見えるような場合には、あらかじめドアにブラインドを付けて外に出てみようとさせないのが有効であり得る（Dickinson、McLain-Kark 他 1995；Dickinson、McLain-Kark 他 1998、フォーブズの評価＝中、および、弱）。これらの研究は、外の景色は人を惹き付ける力が非常に強いことを示している。目を回し混乱させるような模様を床に描くことによって、外に出させないようにする効果（Namazi 1989；Chafetz 1991）を打ち消してしまうほど強い魅力である可能性もあり、この場合には、床に格子模様を描き加えるよりも、ブラインドやカーテンを用いて刺激を減らした方が有効である可能性を示している。

認知症の人が経験している、行動を決められないという問題は、不必要な刺激という観点から説明することができる。彼らは洋服ダンスに吊るされたさまざまな服のなかから着るものを選ぶのが、しばしば困難になる。こうした問題は、2つの洋服ダンスを用意することによって低減できる。1つは見やすい洋服ダンスであり、もう1つのタンスは隠しておく。見やすいタンスの方には、1つか2つの着替えしか入れておかないのである。そうすれば圧倒されるほどの選択肢を、対処可能なものに縮小することができる。このやり方は、スタッフがあらかじめ選んだ順序で見せる（はじめに下着、次にシャツ、ズボンなど……）ことができるような洋服ダンスをデザインすることによって、もう一歩先に進めることができる。このやり方によって、入居者の着替えにあたっての自立度が高まり、認知症の人のための身体的介助の必要性が減ることが見出されている（Namazi 1992、フォーブズの評価＝弱）。

特定の状況についてではなく、刺激を減らす措置を、その他の環境的なあり方や、ケアのやり方を変えることと組み合わせることによって、行動的な混乱を減らせることを示した研究もある（Bianchetti、Benvenuti 他 1997；Bellelli、Frisoni 他 1998、フォーブズの評価＝中）。

刺激を減らしすぎてしまってはならない。たとえば照度レベルを減らすことには、そのことによって道がわからなくなったりすることが実証されてもおり、注意が必要である（Netten 1989）。事実、施設に住む認知症の人びとの多くにとっては、明るい光の環境を経験することがあまりにも少なく、このことが睡眠障害につながっている状況にある。こうした状況を克服するにあたって、照度レベルを上げることの潜在的な効果については、多くの関心が寄せられてきている（Ancoli-Israel、Clopton 他 1997）。

朝と夕方に平均 105 分間、2,500 ルクスの光を浴びた人たちと、普通の光に加えて同じ時間を暗い赤色光を浴びた人たちを比較した、ランダム化比較試験（Ancoli-Israel、Gehrman 他 2003、フォーブズの評価＝強）は、次のことを示している。

> アルツハイマー病患者における睡眠や体内時計リズムの障害に対する光による治療の効果は、朝であれ夕方であれ、明るい光に晒されることが増えれば、夜間の深い睡眠時間帯が伸び、夜の睡眠が強化されたことであった。しかしながら、光治療は夜間・昼間に関わらず、トータルの睡眠時間や起きている時間には影響がなかった。換言すれば、トータルの睡眠時間に変化がなかったということは、睡眠が夜にまとまり、寝たり起きたりといったことが減ったのである。朝の光は、最も長くまとまった睡眠を 30 分間伸ばし、夕方の光は、20 分間伸ばした。夜間の睡眠障害は、介護者と患者の双方にとっての不利益であるから、長くまとまった睡眠は、介助者の睡眠障害や夜間の患者についての心配事を減らすことにもなる。したがって、患者の睡眠時間全体は増えないとしても、患者がまとまった睡眠をとれるようになることは、患者と介助者の双方の睡眠が改善することにつながるだろう。

初期の研究（Satlin 1992、フォーブズの評価＝中）でも光療法を支持する結果を得ているが、この研究は、照明ボックスを前に置いた椅子に 2 時間にわたって認知症の人を縛り付けておくという方法論に汚点を残すものであった。こうした研究はさらに続けられ（Mishima 1994、フォーブズの評価＝弱）、2 時間の照明ボックスによる 3,000〜5,000 ルクスの光療法は、睡眠を改善しただけではなく、混乱行動をも減少させたことを示している。

上記のアプローチをもっと自然なやり方——つまり、認知症の人びとを照明ボックスの前に長時間座らせておくのに欠かせない拘束手段を避け、その代わりに共用スペースの照度レベルを上げること——を用いることによってすぐれた調査研究が行われている（Sloane、Christianna 他 2007、フォーブズの評価＝強）。

> 2 カ所の介護施設の認知症の人びとに対するクラスターユニット［1 つのユニットではなく、複数のユニットのまとまりがある施設であることがわかる］での介入実験のデータ分析が示しているのは、午前中もしくは昼間一日を通しての高い照度の全体照明による療法が、短時間であっても統計的に有意な夜間の睡眠時間の増加をもたらし、夜間のまとまった睡眠、および昼間の眠気という矛盾した効果をもたらしたということである。……この研究は同時に、明るい光環境には耐えることができ、悪い副作用などが生じなかったということである。この研究で用いた照度の実現にあたり、活動エリアと食事エリアの施設風の設えが改装され、間接照明が用いられた。介入の正確さを示すデータによれば、この間接照明が実現した中位の照度は、目標とされた 2,500 ルクスに近いものであった。さらに、研究参加者の光

環境への露出時間は目標とした 1 〜 2 時間を楽に上回っており、参加者の 85％は療法には関係なく最低でも 1.5 時間の露出を受けた。……これらの結果は、環境を変更する方が、現在の標準的な療法である照明ボックスを用いた光の照射よりもすぐれているという可能性を示唆している。しかし、午前中もしくは昼間─一日中の光が全睡眠時間を 11 分、伸ばしたという研究結果は、統計的には有意であったとは言え、睡眠治療としての意義については、不明確である。

　続けてスローン他は、これらの変化の意義を測るべく、ひとつの標準を示そうとしている。すなわち、

この研究結果の治療法的な意義を測るために、一般的に処方される睡眠剤の処方について公開されている治験データと比較された。2005 年において最もよく処方されている 2 つの薬、ゾルピデム（zolpidem）とテマゼパム（temazepam）は、若い成人や健康な高齢ボランティアでは約 30 分の追加的な睡眠をもたらしているものの、これらの催眠剤の効果は高齢になるほど薄まるようである。72 人の慢性的な不眠症の高齢者についてのランダム化した 1 つの治験では、テマゼパムは、偽薬の投与に比べてわずか 4.4 分しか睡眠時間を伸ばしていないことが報告されている。さらに、長期介護施設においては、鎮静剤や催眠剤の有害な副作用の危険は、とりわけ高いのである。

　照明ボックス療法とは違って、このアプローチには、スタッフと入居者との追加的な関わりは含まれていないようである。したがって、この効果は、スタッフと過ごす時間による効果よりも、照度レベルが高まったことによって生じたものと思われる。
　この効果が偽薬効果による、もしくはスタッフの気配りが増したとか変化したとかによるという可能性は、老人病棟の共用エリアを高い照度（約 1,100 ルクス）で明るくした研究において、あり得ないことが示されている（van Someren、Kessler 他 1997、フォーブズの評価＝弱、実験参加者の脱落率が高かったのが主な理由）。視覚障害をもつ認知症患者の場合では、視覚障害のない認知症患者が経験したような休息・活動リズムの恒常性の改善が見られなかったが、双方のグループともに、特別に余分の光を浴び、どちらのグループも同じスタッフの対応を受けたからである。
　こうした結果を支持するエビデンスとしては、入居者に睡眠障害があるときに心地よい部屋で強い光（目に 2,500 ルクス）を浴びさせたという研究がある（Rheaume、Manning 他 1998、フォーブズの評価＝弱）。この研究では、認知症の人の 3 つのケーススタディにおいての良好な結果が例示されているものの、統計的な分析は行われていない。
　睡眠の改善に加えて、朝食時の 30 分間に非常に強い光（10,000 ルクス）を浴びることが、コーエン＝マンスフィールド興奮指数で計測した混乱行動における改善をもたらしたという研究がある（Thorp、Middleton 他 2000、フォーブズの評価＝中）。この 10,000 ルクスの照明がいかに明るいものであるかは、曇りの日の屋外の照度が約 1,000 ルクスであることと比べればわかる。
　夜明けから日没までの光の変化をシミュレーションすることによっても、夜間にまとまった同様の睡眠パターンが得られている（Gasio、Kraeuchia 他 2003、フォーブズの評価＝弱）。看護ホーム 9 施設においてアルツハイマー病もしくは脳血管障害認知症の居住者に 10 日間にわたり毎日

2時間の強い光を浴びせる療法については、MMSE［ミニ精神状態検査］得点の顕著な改善結果（p = 0.0012）が得られているものの、ランダム化された対照グループでは何らの改善も見られていない（Graf、Wallner 他 2001、フォーブズの評価＝弱、実験参加者の脱落率が高かったため）。

　スヌーズレンルームにおける五感への刺激（MSS：Matltisensory Stimulation）の提供、および、行動療法によって、環境を豊かにすることによる効果が、慎重に実施されたランダム化比較試験によって詳しく調査されている（Baker、Bell 他 2001、フォーブズの評価＝強）。刺激を高める 2 つの方法はどちらも効果的であった。MSS や行動療法の直後に、患者たちはより自発的に話をするようになり、他者との関係が改善され、自主性が高まり、退屈や不活発になることが減り、より幸福になり、より行動的に、もしくは機敏になった。どちらのグループも以前よりも環境に対して注意を払うようになったが、行動グループの人たちの方が、MSS グループの人たちよりも自分たちの周りにある対象物により適切に触れ合っていた（p = 0.001）——この差は、両グループ間のもともとの違いをコントロールして得られた、唯一の有意な差であったが、こうした効果は長く続くものではなかった。

　人工的な環境と自然環境による刺激による効果の違いについても、比較調査が行われている（Cox、Burns 他 2004、フォーブズの評価＝中）。この研究は、2 つのタイプの五感への刺激環境が、認知症の高齢者の幸福度の改善に有効であるかを 2 段階で検討したものである。2 つの五感刺激環境は、スヌーズレンルームおよびランドスケープが施された庭園である。これらの環境は、通常の居住環境と比較された。認知症の 24 人の看護ホーム居住者の反応が、それぞれスヌーズレンルーム、庭園、リビングルームで過ごしていた時間において観察された。2 段階目では、6 人の介護者および 6 人の訪問者に対して、五感刺激環境に対する反応を探るべく一対一のインタビューが行われた。結果は、スヌーズレンルームと庭園の双方で、リビングルームと比べて居住者の悲しげな表情が和らいだというものであった。しかしながら、これらの 3 つのどの環境においても、入居者にスタッフが近づくと喜びの表情がはっきりと高まったという。著者たちは次のように結論している。

　　研究参加者たちの幸福度を高めるうえでのそれぞれの環境の効果の違いという点では、定量的なデータによるとほとんど違いがないことが示された。スタッフや介護者へのインタビューによって得られた定性的なデータは、「問題は 3 つの環境について語るかということではなく、語るべきなのは一対一の関係を結ぶ機会であり、質の高い時間であり、より近く感じられることです——そのことが大事なのです」ということであった。

　以上をまとめると、認知症の人たちの健康や幸福感にとって、刺激のコントロールに関わる事柄が重要であるあることを示す多くの実証研究が存在している。刺激レベルが最適レベルにあれば、認知症の居住者はよく眠ることができ、攻撃的な言辞を吐いたり、破壊的な行動に及ぶことが減り、よりよい身だしなみに整えることができるようになる。これらの研究においては、しばしばスタッフの対応による効果というものを拭うことはできないものの、刺激レベルだけに限定しても、効果——有益であれ有害であれ——をもたらすという十分なエビデンスがある。

その他の研究、およびそれらがマーシャルの提言体系について意味するもの

具体的なデザインの原則について考える際に、適切な関連性をもち、フォーブズの評価＝強、もしくは中、という基準を満たす一方で、マーシャルの提言体系には適合していないといった研究は存在していない。しかしながら、ひとつふたつの原則についてはうまく当てはまらないといった研究は数多く存在している。というのも、こうした研究では、研究目的としてSCU（特別介護ユニット）（あるいはそのバリエーション）の概念全体を取り上げているからである。

　こうした研究を、首尾一貫した1つのわかりやすい全体像としてまとめるのは容易ではない。ときには、以下に示すようにSCUという概念そのものに疑問を投げかけている研究もある（Chappel、Reid 2000、フォーブズの評価＝弱）。すなわち、

> 全体的にみて、本研究はSCUのアプローチを支持しない。SCUにおいて介護の次元［介護に求められる基本的な要素］がまとまっていることがほとんどないからである。介護における5つの鍵となる要素——アセスメント［認知症の進行を検査していくこと］と診断、スタッフの専門性と実地訓練、抑制の不使用、フレキシブルな介護手順、特別な環境デザインや改修——において、SCUは非SCU施設と事実上何らの区別がつけられない。

さらに、著者たちはこれらの介護に求められる要素のどれもが「入居者に生じる効果をはっきりと予測できる」ものではないと結論づけている。

> 環境的な特徴とフレキシブルな介護は、それぞれ認知機能の変化および社会的なスキルの変化に関係しているが、後者の関係については、その効果は、予期されることとは逆であった。アセスメントは、認知機能の変化と情緒的反応の変化の2つの変化に関係しているが、アセスメントの手続きが悪いほど、入居者の症状悪化が少なかった。換言すれば、個人についてのこれらの要素によって予測することには殆ど意味がないということであり、時によっては予期されることとは正反対の結果になっているということである。

> 本研究は、介護がSCUにまとまっているという一般的な信念を支持していない。この研究は、SCUと入居者の状態がよくなることとの間の関係性は弱い——あるいは施設の特徴と入居者の状態がよくなることとの間の関係性は弱い——という、現在その数を増しつつある論文に加わるものである。本研究は、認知症介護において最もよい方法であると信じられているSCUについても介護の次元についても、患者の状態をよくすることにはつながらないとするアメリカにおける研究を確認するものである。（Chappel、Reid 2000）

　SCUの定義の理解には注意が必要である。ある論文（Chafetz 1991、フォーブズの評価＝弱）においては、SCUの環境が通常型の看護ホームと違っているのは、専用の中庭があること、出入り口がロックされていること、いくつかの安全な引き出しタンスが寝室にあることだけであっ

第Ⅲ部　チェックリストづくりの根拠となった研究　　111

た。ただし、この SCU においては、スタッフの訓練にも、提供されていたアクティビティにも違いがあった。これら 2 つのユニットにおける患者の症状の 13 カ月間の悪化の違いは、ごくわずかであった。

　こうした研究結果が出ていることについてのわかりやすい説明の 1 つは、北アメリカにおける大多数の SCU の質があまりよくないというものである。そして、そのために少数の良質な施設における肯定的な効果が多数の凡庸な施設群の中に埋もれてしまうことである。SCF（特別介護施設＝認知症のためのグループホーム型の特別介護施設）を SCU（特別介護ユニット＝通常の施設内に設けられた認知症の人びとための特別ユニット）と比べることによって詳しく調査し、SCF の考え方を支持している研究結果がある（Reimer、Slaughter 他 2004、フォーブズの評価＝強）。この研究はよく練られたもので、以下のような肯定的な結果を見ている。

　　これは SCF と従来型の施設とを長期間のフォローアップとデータ収集によって比較したはじめての研
　　究である。研究結果から全体的にわかることは、SCF における中期から後期の認知症成人の QoL が長
　　期にわたって、病院型の従来施設と変わらないか、もしくはすぐれていたことである。これは、後期の
　　認知症の人びとの QoL に肯定的な効果を見出した最初の経年的な研究である。とくに FAST［機能テス
　　トの 1 つ］の結果から、SCF におけるグループリビングは、ADL（日常生活行動）機能が、2 つのコン
　　トロールグループに比べて有意に高かった。さらに、SCF の居住者は、物事への関心や、不安や恐れ
　　といった感情面でもよりよい影響が見られている。こうした研究結果は、人・環境モデル——もともと
　　は物的・社会的環境に関する認知症居住者のニーズを記述するために提唱されたもので、その後、別の
　　人たちによっても報告・拡張された——とも整合的である。この研究結果は、認知症のために設計され
　　た物的・社会的な環境が、QoL にポジティブな効果をもつことを示唆している。

　上の研究は、物的な環境がよいほど効果が高まるという考え方を支持しているものの、物的環境と社会的環境との相対的な効果についての疑問には答えていない。

　社会的環境の重要な側面をコントロールした最もすぐれた試みにおいては、15 の SCU を選び、——洗練された社会統計モデルを使うことによって、認知能力、日常生活活動機能、入居期間、処方薬の使用、スタッフの比率、施設の規模、認知症への理解ある対応と体制、といった変数をコントロールしながら——出入りのチェック、個人のスペース、歩く順路、共用スペース、戸外での自由、住宅的であること、自立への支援、五感へのわかりやすさ、という物的環境に関わる変数の相互比較の機会を最大化しようとした研究である。この研究では、鍵となる環境についての変数と、得られた結果についての判断尺度としての攻撃性、興奮、社会的引きこもり、抑うつ、心理的な問題、との間の関係を探求している（Zeisel、Silverstein 他 2003、フォーブズの評価＝強、使われている階層化線形モデルという統計手法に、ランダム化と同じウェイトを与えた場合）。

　この研究結果は、マーシャルの提言体系と矛盾しないものであり、上述の関連原則に対応する形で報告されている。これらを要約すると、プライバシーとパーソナライゼーションは、攻撃性や不安、心理的な問題の存在と逆相関していること、共用スペースの多様性は、社会的な引きこもりと逆相関していること、カモフラージュされた出入り口は、抑うつ症状の軽減につながっていること、刺激がコントロールされ環境の特徴が施設的ではなく住宅的である場合は、全体的な

攻撃性や言葉による攻撃性の低減につながっていること、である。

　マーシャルの基準では一見素晴らしく思われる環境であっても、そうした環境がもたらす効果については、その限界を問いかけるような研究が行われている（Wood、Harris 他 2005）。

　　営利事業として行われているライフ・ケア・コミュニティの一部が、SCU として望ましい多くの社会的・物的環境の特徴をもっているために選ばれ、そこに 7 名が入居した。……望ましい社会的な特徴としては、ユニットを担当する献身的なスタッフ、抑制を行わないというポリシー、昼間は外部に出られるというポリシー、音楽や運動・ことばや記憶ゲーム・宗教的な祈祷の機会を提供するよくつくられた活動のプログラム、が含まれている。望ましい物的な特徴としては、プライベートな寝室とバスルーム、キッチン・リビングルーム・活動スペース・戸外のパティオや庭、住宅的な室内装飾・家具・スタッフの服装、カモフラージュしたドアやロック装置による出口コントロール、安全なエリアへの出口があること、である。道案内や場所がわかるようにする助けとしては、道がわかるようなカーペットを敷き、寝室の入り口や寝室内を個人的に設え、トイレには目印となる絵を付け、戸外空間で徘徊するための道を明確に示すことが含まれ、補助的な設えとしては、手すり、高くした便座、浴室における握り棒、休息場所に置いた椅子、高くした花壇、がある。この SCU には、キッチンには食材や調理器具・食器、リビングルームにはテレビやビデオがあり、リビング・エリアの至るところに、パズルやゲーム、カード、本や雑誌、ボール、ビデオテープ、植物、筆記具、などといった日常的な物品が溢れている。五感を刺激するもの・芸術的なものとしては、アート作品や吊り下げられたモビール、風鈴のように心地よい音を出すもの、魅力的な庭園や舗装した中庭がある。

　この 7 床の SCU は、望ましいとされているすべての特性を提供しているように見える。しかしながら、

　　入居者たちは……、日中の 12 時間のうちの 10.5 時間を非社交的に過ごしており、8.5 時間は物的環境とも関わってはいないように見受けられた。入居者たちは、60％の時間は目を開いて何かを見つめ、40％の時間、つまり約 5 時間はぼんやりと目を開いているか、もしくは目を閉じて過ごしていた。(Wood、Harris 他 2005)

　この研究は、単一のユニットにおける 7 名の居住者という小標本であり、研究計画の相関的な性質による限界にもかかわらず、われわれが望む最高の環境が何をもたらし得るのかについて、われわれに最もはっきりとした事例を提示している。もし、こうした研究結果を改善したいと望むならば、こうした改善は物的な環境をさらによくすることによってではなく、スタッフによるさらなる支援に求めるべきであるように見受けられる。

　　普通の活動ができる環境について必要性が差し迫って生じるのは、たいてい、スタッフが入居者のポジティブな行動や気持ちを持続的に支えるべく、状況に対処していこうとするときである。ADL（日常生活活動）の時間とか、いくつかの活動グループなどが、こうした状況をつくりだす。ADL の時間においては、スタッフは入居者に助言したり、ときに入居者が自分で進んでやろうとしない場合や、できな

かったりする場合には、身づくろいを手伝ったりする。活動グループの時間によっては、スタッフは特別の教材を提供したり、入居者の障害を補完するための装具を調整したり、音楽やゲーム、教会での聖体拝領などといった少し難しい活動への参加を助けたりする。ADL でも活動グループでも、居住者は環境的なサポートによって、放っておかれたらできないような、自分の能力以上に動くことができるようになる。ちなみに、音楽療法の小グループにおいては、歌や演奏に参加することによって、入居者の楽しい経験が最大化されたように見受けられた。(Wood、Harris 他 2005)

「物的な環境は、社会的な環境を補完することはできない」(Morgan、Stewart 1999、フォーブズの評価＝乏しい、定性的) ということであろう。12 時間のうち 10.5 時間を非社交的に過ごしていることは、それ自体を見ればすぐれた成果とは思われないかも知れないが、もしかすると、すぐれた成果なのかも知れない。自宅に住んでいる認知症の人は、社会的な関わりなしに何時間を過ごしているのだろうか？ 今はまさに、最もすぐれた SCU の成果が、最もすぐれた地域ケアに近いものなのか、それとも勝っているのかを比較するべき好機にあるのは確かである。

要約

小規模であることが認知症の人にさまざまなよい効果をもたらすという命題を支持する実証研究がある一方、認知症のために特別に設計された小規模ユニットに共通する環境要因（家庭的であるとか、安全性や親しみやすさなど）から、規模要因だけの寄与を定量的に比較できる形で示すことは不可能である。これらの要因をコントロールした方法論による研究（Zeisel、Silverstein 他 2003）においては、大規模であることが社会的な引きこもりの減少に関係しており、興奮や攻撃性、抑うつや精神症状には有意な関係がないことを示している。

同様な問題は、社会的（職業的）環境——たとえば介護理念、スタッフの技能、すぐれた経営など——と物的環境の間の込み入った関係においても、家庭風な物的環境が認知症の進んだ人たちにとりわけ広範に影響を及ぼすと結論づけるのを困難にしている。しかしながら、家庭的な環境が攻撃性を減らすということについては、十分なエビデンスが存在している。

認知症の人たちが普段の日常生活における活動に関わることを有効だとするエビデンスは弱い。

安全性を強調しすぎることは、有害な効果をもたらしかねないものの、目立たないようにした安全性への配慮は、入居者の健康・幸福感、とりわけ抑うつを改善する。認知症の人たちの環境として多様なスペースを用意することが、不安や抑うつを減らすことを助け、社会的な相互関係を改善することについては、十分なエビデンスが存在している。スペースが多様であることは、入居者が自分がどこにいて、どこに行けばよいのかをわかりやすくさせるのにも有効である。しかしながら、スタッフの関わりを高めることなしに、単に庭があるということだけの効果は弱い。

認知症の人に 1 人部屋を用意することを支持するかなり強いエビデンスがある一方で、これに矛盾している実証エビデンスはない。

認知症の人に案内表示が有効であるとするエビデンスは強いものではない。また、個人的な思

い出の品物や目印となるものがあることが、道案内になるということのエビデンスは限られている。

ユニット全体にわたって見通しをよくしておくことについてのエビデンスは強いものではない。しかし重要な設備である「トイレ」が見えやすくなっていることが、劇的な効果を生むということは、こうした考え方を支持する十分なエビデンスを提示している。

刺激のレベルを注意深く最適化することは、強く支持される。照明についてのエビデンスは、通常、適正と考えられているレベルを超えて照度を上げることを支持している。

デザイナーや建築家は、目立たない安全措置を使用すること、スペースによって雰囲気や大きさ・形態に変化をつけること、1人部屋を提供すること、重要なものは最大限よく見えるようにし、刺激がコントロールできるようにし、時間によっては高い照度の照明が可能なようにすることに自信をもって取り組むべきである。事実、これらの特徴は、認知症の人びとのために特別にデザインしたと謳うすべての物的環境における必須の要素であると思われる。

既存研究の限界

上記のほとんどの研究には、明らかな限界があることは容易に指摘することができる。標本数が少ないこと、十分な数の比較対象グループが存在していないこと、デザイン的な特徴からどのような結果が生じ得るかを明確に説明するような仮説が欠如していること、などは容易にわかることである。しかしながら、この分野の研究におけるそもそもの限界は、問題の複雑性に求められる。ロートン（Lawton）はすでに25年前に、ワイス研究所病棟（Weiss Institute Ward）入居後の認知症患者の評価についての先駆的な研究において、この問題を捉えている（Lawton、Fulcomer 他 1984）。この研究では新しい病棟ユニットへの移動の前後の患者の行動と状態の比較を行ったものである。

独立変数それ自体がひどくおおまかなものであり、治療の場所の変化という変数には、非常に複雑な形で介入結果に関係することになるさまざまな事柄の変化が含まれている：建造物の全体の構造、入り口から中心部への空間的な変化、病室のプライバシー、スタッフのオフィスへの距離的な近さ、ナース・ステーションの位置、色彩コード、スタッフの交替・移動、さまざまな研修医師間の組み合わせ、などなど、リストとして掲げていくには長くなりすぎてしまうほどである。

われわれが提起したいのは、入居後の評価（POE：Post Occupancy evaluation）を行うにあたって、いわば独立変数問題とでも呼ぶべき問題を避けることができない、ということである。1つの部分を他の部分から切り離して分析する方法は存在しないから、1つの部分に注目するためには、全体的なシステムを変化させることなく、1つの（もしくは少数の）特徴だけを変化させてみる必要がある……。しかしながら、こうした特定の部分だけに限定した調査によって、近接性 vs 遠距離性とか、ミクロ vs マクロといった多目標をもった調査を代替させることはできない。そこで重要な結論の第一は、どちらのタイプの調査も必要とされるということであり、そして第二は、すぐれた入居後の評価（POE）を計画

するには、それぞれの状況に最も適した調査がどういうタイプの調査なのかを明確に構想する能力にある、ということである。(Lawton、Fulcomer 他 1984)

　物的環境については、スタッフと入居者との人間関係と比べて、どれだけの相対的な重要度をもっているといえるのかということが最も中心的な問題であるものの、この難問を解くのは困難である。現実には、よい物的環境を提供することへの配慮は、スタッフへの研修とかケア方針への適切な配慮といったスタッフと入居者との良好な人間関係づくりと、手を取り合って行われているからである。このことは、興奮と環境との相関関係の調査においても明確に見られる。(Sloane、Mitchell 他 1998、フォーブズの評価＝弱)

　　症状の異なる入居者を混在させたグループを、さまざまにケア環境の異なるユニットにおいてコントロールした多変量回析によると、興奮レベルの低下との間に関係が見られた。物的環境の質と興奮レベルとの間、およびスタッフ・入居者の相互関係と興奮レベルとの間についての指標要約［相関係数など］は、どちらについても強い、似たような関係が示された。事実、2つの指標はあまりにも強く相関しており、一方の指標を他方の指標として代用しても差し支えないほどであり、両者の効果を分析的に切り離すことはできなかったのである。このことは、アルツハイマー病における興奮に対処するためには、物的環境と人間環境とのどちらもが重要であるということのみならず、実際のところ、物的環境の質は通常、人間環境の質をともなっているということを示唆している。

　こうした問題の存在は、ロートンによってすでに予想されていたことであるが、(ユニットのレベルでの変数をコントロールした統計手法を使った) ザイゼルや (ひとつの変数だけを1回ずつに変化させた)ナマジなどの研究者によっても確認されている。これらの多くのアプローチは、マーシャルが提示した重要な特徴のリストが、かなりの確かさで正しいといえるだけの知識の集積をもたらしていることを示している。
　環境デザインについての本などにしばしば見受けられる方法論や解決策に焦点をあてた研究などを評価する方法を開発していくことは、よりよいデザインをめざす研究者を方向づけ、後押しすることにつながるだろう。この文献レビューで使用したフォーブズによって開発された評価方法は、明らかに、多変数についてのコントロールを改善すべく最近開発されてきた統計学的に高度な手法を駆使した大規模なものよりも、より小規模な臨床的な実験などに適合した方法である。

既存研究に欠けているもの

このレビューが対象とした領域のすべてにおいて、さらに質の高い研究の余地があることは明らかである。よい環境デザインの特徴については、強い意見の一致があるものの、諸文献を仔細に検討するならば、確実だと断言できるものはほとんどないという結論が容易に導かれる。
　最も明らかな欠落は、結果の質の高さに影響を及ぼすのは物的環境なのか、それともスタッフの入居者への関わり方なのか、その比重はどうなのか、という疑問である。言い換えれば、質の

悪い環境でも、スタッフ次第ではよい結果がもたらせるのか、ということである。環境の改善か、それともパーソン・センタード・ケアの強化か、を比較することによって、NHMRC（オーストラリア国家保健医療研究カウンシル）の資金のもとで、チェノウェス（Chenoweth）氏に率いられた最近の調査団が、この疑問に対する回答に向けていくぶんなりか進もうとしている。

このレビューが明らかにしたのは、規模・家庭らしさ・普段の活動の機会が、認知症の人に及ぼす効果については、さらなる研究が必要とされるという点である。これらはデザインについての現在の研究の中心課題でもあり、これらの重要性のよりよい理解は、役に立つ情報となる。

高齢者——とりわけアルツハイマー病やその他の認知症の人——が経験してきた文化的な背景は、自らが自分らしくあり続けるための核となるものである（Valle 1989；Day、Cohen 2000）。文化的背景を無視しては、質の高いケアを提供することは困難である。「これまで文化には、あまり注意が払われてこなかった」（Day、Cohen 2000）。しかし、現代のコスモポリタン社会のもとでのさまざまな文化的背景をもつ認知症の人びとの増加は、文化的に適切な環境デザインについての知識を要請している。ロシア系ユダヤ人についてのデザインの研究（Day、Cohen 2000）を、他の文化に広げることなどは今後の研究課題であろう。ベネット（Bennett）の研究（Flemming、Forbes 他 2003）における、オーストラリア原住民の文化における「壁」が建物の側面としての役割ではなく、日陰をつくるためのものであること、また「柵」が、人を中に入れるのではなく、入れないようにするためだ、といったことは、認知症のデザインのための文化理解のユニークな試みである。

ほとんどの研究は、自分で動ける認知症の人びとに役立たせることに焦点をおいたものである。動けなくなり、長く寝たきりになり、死を迎えるという後期の認知症の人に対するケアを提供するにあたっての環境的な側面を特別に扱った研究を見出すことはなかった。認知症の人びとが死を迎えるにあたって、スタッフや家族とのコミュニケーションを維持していく助けになるような環境づくりの手段は存在するのであろうか？環境は、終末期の人びとの精神的なニーズに応える助けになるであろうか？なるべく長い間"家庭"にとどめておくようなデザインというのはあるのだろうか、そして、そのことは有益であろうか？

年齢階層の逆の端にある、若年性認知症の人にとっては、典型的な認知症の人びとにとって有益とされるデザインの特徴と比べると、やや異なる特徴が求められる可能性がある。馴染みがある環境という概念は、若い成人期における経験と整合していることを示唆している。55歳の認知症の人にとっての若い頃は1980年代となるのに対し、80歳の人にとっては1950年代となる。50年代と80年代とでは、環境は大きく変化している。若年性の認知症の人にとって、馴染みのある環境というのは、十分に役立つのであろうか？彼らにとって必要なのは、もっと体を動かしたいと思わせるような環境とか、近代的なオーディオやテレビ、コンピューターゲームなどの若い頃に馴染んだ余暇活動ができる機会を提供することではなかろうか？

ダウン症候群の人たちは、近年は長生きするようになっており、高齢に達するとその多くがアルツハイマー病を発症する。認知症の人たちに対するサービスのあり方を開発するにあたっては、進行性の障害をもつ人たちの退院後の社会生活への復帰、安定した社会的役割、行動の管理などについて行われた先駆的な研究（Wolfensberger 1972）に多くを負っている。しかし、障害と認知症という2つの分野のつながりは現在、非常に弱いものになっている。もしかすると、認知症

第Ⅲ部　チェックリストづくりの根拠となった研究　117

の人に対する環境デザインについて得られた知見を、ダウン症の高齢者へと応用する研究によって、進行性の障害者に対しても適用できる共通の知見とする機会となるかもしれない。

　このレビューが対象とした研究では、出口を隠してしまうといった、安全対策を目立たないようにしたデザインによって、入居者が抑うつ状態に陥るのが軽減されることが示唆されている。しかし、このような安全対策をやめてしまい、その代わりにスタッフを増やすとか、地域で見守ることにした場合には、何が起こるのであろうか？　こうしたアプローチは日本で試みられており（Hasegawa 2007）、2004年までに3,200のグループホームを供給するという計画目標（厚生労働省2002）が達成されている。

　認知症の人のためのよいデザインについて書かれた初期の論文（Fleming 1987）においては、施設は入居者の出身地の近くのコミュニティにつくるべきであり、そうすれば最近の記憶を失っている人にとって馴染みのある景色とか、コミュニティの近くに住んでいる友人達や親族の訪問などによって、より容易に支えていくことができる、との記述がある。しかし、認知症のためにデザインされた施設と地域コミュニティとの関係については、それ以降ほとんど注目されておらず、環境デザインを変えることによって施設と地域との関係を改善する可能性についてのシステマティックな評価は、このレビューの作業期間において見出すことができなかった。大規模なリタイアメントビレッジの計画などにあっては、この関係についてのよりよい理解とともに、周りの地域とのつながりの維持が、認知症の人びとや周りに住む人びとへのストレスとならないような環境づくりを行うことによって、改善される可能性がある。

　25年間にわたる調査研究がある一方で、認知症の人びとのための新しい施設建設にあたり、こうした研究がどれだけ適用されてきたかには疑問がある。新たな研究を奨励する一方で、現行の研究がどれだけ実際に適用されているかを調査することも当然に必要とされよう。そして、もし慣行的に適用されていないようなことがあるとすれば、その阻害要因を調査し、こうした要因を取り除くべきであろう。

　今後行うべき研究に優先順位をつけるのは、容易ではない。とくにシステマティックで論理的に行うのは非常に困難な作業となる。第一段階は、上に述べたような問題点を洗い出し、議論することを通じて、より総合的なリストにまとめ上げることであろうが、これは本レビューの範囲を超えている。しかしながら、上に述べたふたつの課題は、いかなるリストにおいても、ほぼ最上位に順位づけられるであろう。というのも、研究の成果を実施に移す方法を見出せないのであれば、さらなる研究そのものがほぼ無意味になってしまうからであり、実施に移すことを遅らせている阻害要因を突き止め、阻害要因をいかにして取り除くかという調査研究課題には、高い優先順位がつけられるべきである。

　多くの研究における根本的な問題は、物的環境と心理社会環境のどちらがどれだけ結果に及ぼすのかという、両者の貢献の比重を定量的に見出すことである。これがはっきりしていなければ、物的環境の影響力に関するほぼすべての疑問点について明確な回答に達するのは不可能である。したがって、この課題も、優先順位リストの最上位におかれるべきである。

　表1は、このレビューで見出された、将来研究を要する分野に優先順位をつけたリストである。なお、上位の2つの課題以下の順位は、主観的な判断によるものであり、単に今後の議論の出発点として提供したものである。

表1：既存研究の欠落部分を埋めるための研究テーマ順位についての提案

1	既存知識を実施に移すにあたっての阻害要因をいかにして取り除くか
2	物的環境と心理社会環境の貢献度の相対的比重についての疑問
3	動けなくなり、長く寝たきりになり、死を迎えるという、後期の認知症の人に対するケアを提供するにあたっての環境的な側面
4	施設に入居している認知症の人びとと地元のコミュニティの関係を最適なものにする
5	土着文化を含めた特定の文化に向けたデザインが有効であるという可能性
6	若年性認知症のニーズに合わせた環境の提供
7	ダウン症候群の人たちがアルツハイマーを発症したときの特別のニーズ

結論

このレビューが対象とした既存研究はマーシャルの体系を支持しており、安全対策を目立たなくすること、1人部屋を含めさまざまなスペースがあること、見通しをよくしておくこと、刺激のレベルを最適化すること、などといった提言内容を十分に裏づけている。この体系は、この分野の研究者や実務者たちの意見のコンセンサスをしっかりと集約したものになっている。提言の細部に関しては、さらなる検討の余地を多く残しているとはいえ、認知症の人たちのための施設における生活の質の改善のためのポテンシャルを最大限に発揮させ、入居者とスタッフとの双方の助けとなるような環境づくりを求めている人たちへの貴重なガイドである。

表2　強・中の実証度の研究論文の総括表

研究	方法論	フォーブズの評価	標本
Ancoli-Israel S、German P 他（2003）「光への露出の増加が重度のアルツハイマー病患者の睡眠を強化し、概日リズムを整える」	3グループに分けたランダム化コントロールした試験	強	92名の患者（認知症の介護ホーム居住者）
Baker R、Bell S 他（2001）「認知症の人に対する五感刺激（MSS）の効果のランダム化試験」	ランダム化コントロールした試験	強	中～重度のアルツハイマー病と診断された50名の患者
Cohen-Mansfield J、P Werner（1995）「興奮への環境的な影響：観察研究の統合的な概略」	さまざまな場所・条件における行動の時間標本の記録	強	3ユニット24名の入居者。1ユニットはアルツハイマー専用；他の2つは認知障害と身体的虚弱者の混成
Cohen-Mansfield J、P Werner（1998）「無意味に歩行する看護ホーム入居者に対する居住性を高めた環境の影響」	興奮・気分・出口探索行動の試験前・試験後データによる、多元的シングル・サブジェクト分析	強	1日に数回の無意味歩行や徘徊行動を繰り返しているとされた27名の介護ホーム居住者
Phillips CD、Sloan PD、Howes C、Koch G（1997）「アルツハイマー病特別介護ユニットの居住が機能結果へ及ぼす効果」	運動機能・移動・排泄・食事・着替え・ADL・我慢・体重のMDSの多元的な測定による1年間の経年的な研究	強	4州における48のSCUにおける841名の介護ホーム居住者
Reimer MA、Slaughter S 他（2004）「認知症介護のための通常の環境と比べた特別介護施設：生活の質の経年的研究」	同等として期待できるグループをデザインしたうえでのQoLの3カ月毎に1年間計測	強	24の長期介護センターおよび4のアシステッド・リビング環境における185名の入居者。62名が介入対象のSCUグループ、123名は通常グループ
Sloane PD、Christianna P、Williams S 他（2007）「認知症における高照度の環境照明：睡眠と行動への効果」	夜間の睡眠と昼間の活動についてのクラスター・ユニットにおけるクロスオーバー介入	強	66名の入居者
Wells Y と Jorm AF（1987）「認知症患者のための特別介護ホームの評価：ランダム化試験による地域ケアとの比較」	入居前と3カ月後における認知状況・行動・QoL・介護者の心理的問題の測定値についてのランダム化試験	強	12名の認知症専門施設の入居者；10名の地域ケア対照グループ
Zeisel J、Silverstein NM 他（2003）「アルツハイマー特別介護ユニットにおける環境と行動・健康との相関関係」	認知状況・ADL・服薬・アルツハイマーに対応したスタッフ訓練・入居者1人あたりのスタッフ数をコントロールした階層化線形モデルによるクロスセクション分析により、攻撃性・興奮・社会的引きこもり・抑うつ・精神的な問題を計測	強	15のSCUにおける427名の入居者
Annerstedt L（1993）「スウェーデンにおけるグループ・リビングの発展と帰結：認知症高齢者の新しい介護方式」	グループリビング・ユニットと通常の介護施設での1年間の追跡調査。運動機能、知的・感情能力、認知症の症状、問題行動、ADLを測定	中	グループ・リビングにおける患者28名；通常の施設における患者31名
Bellini G、Frisoni G 他（1998）「認知症患者のための特別介護ユニット：多中心研究」	入居前、入居後3カ月・6カ月の健康状態・投薬・抑制の使用についての調査	中	8つのSCUに移転された55名の認知症患者
Bianchetti A、Benvenuti P 他（1997）「認知特別介護ユニットのイタリア・モデル：パイロット研究の結果」	入居前と入居後6カ月の機能状況・認知状況・行動的症状・投薬・抑制の使用についての調査	中	通常の病棟からSCUに移転された16名の患者
Bowie P、Mountain G（1997）：「認知症状における患者の行動と環境の質との関係性」	環境的な特徴の違いによって生じる病棟における患者の行動の違いを体系的に最大化すべく、5つの環境的な特性をクロスセクションによって比較調査	中	7つの病棟における認知症を発症しているすべての患者

最も強い関連性をもつマーシャルのデザインの特徴	介入方法	結果
刺激のコントロール	午前中の明るい光、夕方〜晩の明るい光、もしくは朝の薄暗い赤い光	日中および夕方〜晩における光への露出の増加が認知症患者の睡眠および概日リズムに最も有効であったようである。
刺激のコントロール	行動グループとの比較による五感への刺激	どちらの介入も改善をもたらした。環境・気分・行動に対する気配りの増加によってMSSが有意に改善した。
刺激のコントロール	物的な環境、社会的環境、活動、および日中および夜間における刺激レベルの自然な変化	暗いところでの奇妙な動きの増加；通常の照明における無意味歩行頻度の増加；高い騒音レベル・低い体感温度・身体的な抑制が興奮行動を増加させる。
住宅風で家庭的	家庭環境および戸外の自然環境を刺激するために、視覚・聴覚・嗅覚への刺激が介護ホームの通路空間に加えられた	入居者は居住性の高まった環境でより長い時間を過ごし、喜びが増したことを示した。
住宅風で家庭的	SCUを含むさまざまな高齢者介護居住の場での生活	認知的・行動的な機能低下の速度には、SCU入居者と通常の介護ホーム居住者の間に統計的に有意な差が観察されなかった。
住宅風で家庭的、および、普段の活動の余地	通常型の環境に比べて、より快適、より家庭的、より意味のある活動やプライバシーについての選択余地	SCUグループは、ADL低下の減少、環境への関心の長い継続、否定的気分の減少が示された。集中力・記憶力・見当識・抑うつ・社会的引きこもりについては、両グループ間に差異がなかった。
刺激のコントロール	低グレアの明るい環境照明を食事と活動エリアに設置。平均2.5〜3時間を朝／夕に、日に8.4時間を参加者に露出	朝・日中の光露出の参加者は夜間睡眠が増加した。日中・夜間の活動リズム強度は、各条件下で有意な変化なし。
住宅風で家庭的；部屋の機能の違いに対応した、親しみやすい調度や家具；戸外のスペース；十分な大きさのある1人部屋	新設された特別ユニットにランダムに入居、もしくは入居待ちリストに配属し、待ち期間には定期的にショートステイを提供した	SCUへの入居は、介護者の精神的な健康に大きく有益である一方、認知症の入居者には何らの逆効果を示さなかった。
住宅風で家庭的；部屋の機能の違いに対応した、親しみやすい調度や家具；十分な大きさのある1人部屋；刺激のコントロール	さまざまな形態のSCUにおける生活	プライバシーや寝室の個別化、住宅風の設え、わかりやすい環境は、攻撃性・興奮・精神的な問題の減少につながっていた。出口ドアのカモフラージュや部屋の雰囲気がそれぞれ違っていることは、抑うつや社会的引きこもり、見間違え、幻覚の減少につながった。
小規模；住宅風で家庭的；安全性への配慮	住宅風のグループホーム；訓練された有資格の看護士による監督；スタッフの訓練；介護作業における家族の積極的な役割	グループホーム環境は、運動能力や感情・知的機能の改善、精神薬投与量の減少、家族の心理的緊張の減少、スタッフの能力と満足の改善、介護の総費用の減少をもたらした。
刺激のコントロール	SCUへの入居	6カ月後の追跡調査において、向精神薬の投与量には関わらず、混乱行動が次第に改善していた。身体的な抑制の使用が減少した。
安全性への配慮；よい道案内；刺激のコントロール	SCUへの入居	SCUへの移転後、混乱行動が有意に減少；認知状況や機能能力については改善なし。
小規模；よい道案内	さまざまな特徴をもった病棟での生活	施設的な特徴および場所・方向の目印の欠如は、異常行動に関係している。逆説的に、病棟環境の貧弱さは、自身による世話を改善し、問題行動を減らした。物的な規模は、行動の違いには関係がなかった。

第Ⅲ部　チェックリストづくりの根拠となった研究　121

研究	方法論	フォーブズの評価	標本
Cleary TA、Clamon C 他（1988）「刺激を抑えたユニット：アルツハイマー病および関係症状の患者に対する効果」	機能能力・興奮・食品消費量・トイレの我慢・睡眠・抑制の使用・体重・薬剤の使用についての入居前と入居3カ月後の比較測定調査	中	低刺激にした11の認知症ユニット
Cox H、Burns I 他（2004）「余暇のための五感環境：介護ホームの認知症居住者の健康・幸福感を高める」	3条件下における感情を測定するための（被験者ごとの）クロスオーバー・デザイン	中	24名の認知症の居住者
Dickinson JI、McLain-Kark 他（1995）「認知症介護ユニットからの退出行動における視覚的バリアの効果」	退出の試行についての事前テスト・事後テストの測定	中	7名の施設からの逃亡前歴のある入居者
Hewawasam LC（1996）「認知症高齢患者の危険な歩行を制限するための、格子パターンの使用」	退出の試行についての事前テスト・事後テストの測定	中	10名の認知症の居住者
Leon J、Ory MG（1999）「認知症看護ホームに最近入居した入居者における暴力行動の減少についてのSCUの効果」	入居後6カ月間の興奮レベルについてのSCUと通常の看護ホームに入居した階層化したスラスター標本	中	695名の入居者；495名がSCU、200名は非SCU
Mayer R、Darby SJ（1991）「認証高齢者の徘徊を鏡によって防止できるか？」	退出の試行についての事前テスト・事後テストの測定	中	9名の重度認知症の居住者
Melin L、Gotestam KG (1981)「高齢の精神病患者のコミュニケーションと摂食行動に対する病棟における日課の組み替えの効果」	対照グループと実験グループのコミュニケーションと摂食行動についての事前テスト・事後テストの測定	中	高齢精神病棟における21名の患者
Morgan DG、Stewart NJ（1998）「認知症介護ユニットにおける多床室vs1人部屋」	さまざまな場所で過ごした時間についての事前テスト・事後テストの測定、およびスタッフと家族からのの定性的な観察	中	46名のSCU入居者、9名の介護スタッフ、9名の家族の人たち
Satlin A、Volicer L 他（1992）「明るい光によるアルツハイマー病患者の行動・睡眠障害の治療法」	興奮・睡眠パターン・抑制の使用・PRN投薬についての事前テスト・事後テストの測定	中	日没時の興奮行動および睡眠障害がある10名の入居者
Thorp L、Middleton J 他（2000）「行動障害のある介護ホームの認知症患者に対する明るい光の療法」	興奮および破壊的行動を測定する繰り返しABA測定デザイン	中	認知症の16名

最も強い関連性をもつマーシャルのデザインの特徴	介入方法	結果
刺激のコントロール	低刺激ユニットへの入居	患者の体重減少や興奮行動が減った；身体的な抑制の使用が減った；家族の満足度が上がった。
戸外スペース：刺激のコントロール	入居者は1回16分の3回の（それぞれリビングルーム、庭、スヌーズレンルームでの）活動を経験	スヌーズレンおよび庭における喜びが増大した証拠が見られた。
刺激のコントロール	パニック・バー（横棒ハンドル）のある非常口へのブラインドおよび布の覆いパネルの設置	パニック・バーやドアノブをカモフラージュするための視覚的バリアは有効であり、コスト効率のよい徘徊外出抑止の手段。
よい道案内	出口ドアからの患者の出歩きを防止するために黒色の断熱用テープを2種類の格子模様に貼る	横格子模様が、4名の対象患者の出口ドアとの接触の97%までを削減した。
小規模	SCUへの入居	SCUへの入居は攻撃行動に何の効果ももたらさなかった。暴力行動の減少は、向精神薬投与の増加および身体的抑制の使用に帰せられた。
よい道案内	3つの状況の実験：ドアの前に設置した全身鏡、裏返しにした鏡、鏡なし	出口の前にある鏡の存在は、触ってはいけないという反応の目印になり、外出の試みを50%減らした。
普段の活動の余地	壁の周りに置かれたトレイ付きの椅子ではなく、食卓での食事を導入	実験グループにおけるコミュニケーションの頻度が増加した。
十分な大きさのある1人部屋	患者は2床室・4床室からSCUの個室へ移転	新SCUの個室への移転後、日中の自室で過ごす時間が増加、夜間の睡眠促進のための介入（投薬を含む）の必要が減少。人と環境の相互作用モデルについてスタッフおよび家族は好意的に認識。
刺激のコントロール	患者は1日2時間、1週間にわたって明るい露出光を浴びた	8名の患者について、光の治療によって晩の看護師シフトにおける睡眠／覚醒の診察評価値が改善。概日運動的活動リズムの比較強度が増加した。
刺激のコントロール	朝食時の30分間、明るい光（2,000ルクス）を作用させた	明るい光療法は、興奮を減少させる控えめな効果とともに、それにともなう行動の改善がもたらされた可能性があった。

付録：実証性の評価ツール（Forbes 1998 による）

A　すべて YES が必要

1. 1980 年以降に出版	YES	NO
2. 物的環境への介入を評価	YES	NO
3. 50 歳以上の認知症の人びとのケアに焦点	YES	NO
4. 対照グループを扱ったもの、事前／事後またはクロスセクション	YES	NO

B

カテゴリー	評価基準	評　価		
外的な実証性				
(a)　介入の計画と割当て	ランダム化	良		
	事前／事後 または 同様のグループ		中位	
	コントロール無し または 不明			不可
(b)　参加率	(i) 本人もしくは法的後見人に調査参加への同意を求めた場合：			
	双方のグループの参加率が 80％以上	良		
	60～79％の参加率		中位	
	参加率が 60％未満 または 不明			不可
	(ii) 参加への同意を求めなかった場合：			
	参加者について明瞭に記述されている	良		
	ある程度の詳細情報があるものの、不明箇所があるもの		中位	
	記述がないもの			不可
(c)　撤退率	10％以下	良		
	11～20％		中位	
	20％超、撤退率が不明 または 適切でないもの			不可
内的な実証性				
(d)　交絡要因のコントロール	すべての関連のある交絡要因（年齢・性別・身体機能・認知機能の障害レベルなど）がコントロールされている	良		
	少なくとも 3 つの交絡要因がコントロールされているまたは 被験者の行動としてコントロールされている		中位	
	2 つ以下の交絡要因しかコントロールされていない			不可
統計学的な実証性				
(e)　データ収集	少なくとも 1 つのデータ収集方法（自己申告、検査／選別 または 医療記録／人口統計）が次の基準のすべてを満たしている：しっかり記載されている、事前にテストされている、参加者のグループ分けが調査者に知らされていない	良		
	少なくとも 1 つのデータ収集方法が、基準の多くを満たしている		中位	
	いずれのデータ収集方法も、基準を十分には満たしていない			不可
(f)　統計分析	多変量分析	良		
	2 変量		中位	
	記述的 または 不明			不可
それぞれのカテゴリーの合計数				

良の合計が 4 以上、不可が 0　　　＝強
不可が 0　　　　　　　　　　　　＝中
不可が 1 または 2　　　　　　　　＝弱
不可が 3 以上　　　　　　　　　　＝実証性に乏しい

〈引用文献〉

Alzheimer's Australia (2004). Dementia Care and the Built Environment: Position Paper 3: 16

Ancoli-lsrael S, Clopton P et al (1997). 'Use of wrist activity for monitoring sleep/wake in demented nursing home patients.' Sleep 20: 24-27

Ancoli-lsrael S, Gehrman P et al (2003). 'Increased light exposure consolidates sleep and strengthens circadian rhythms in severe Alzheimer's disease patients.' Behavioral Sleep Medicine 1(1): 22-36

Annerstedt L (1993). 'Development and consequences of group living in Sweden: a new mode of care for the demented elderly.' Social Science & Medicine 37(12): 1529-1538

Annerstedt L (1997). 'Group-living care: an alternative for the demented elderly.' Dementia and Geriatric Cognitive Disorders 8(2): 136-142

Atkinson A (1995). 'Managing people with dementia: CADE units...confused and disturbed elderly.' Nursing Standard 9(25): 29-32

Baker R, Bell S et al (2001). 'A randomized controlled trial of the effects of multisensory stimulation (MSS) for people with dementia.' British Journal of Clinical Psychology 40(1): 81-96

Bellelli G, Frisoni G et al (1998). 'Special care units for demented patients: a multicenter study.' Gerontologist 38(4): 456-462

Bianchetti A, Benvenuti P et al (1997). 'An Italian model of dementia special care unit: results of a pilot study.' Alzheimer Disease & Associated Disorders 11(1): 53-56

Bowie P and Mountain G (1997). 'The relationship between patient behaviour and environmental quality for the dementing.' International Journal of Geriatric Psychiatry 12(7): 718-23

Brawley EC (1997). Designing for Alzheimer's disease. Strategies for creating better care environments. New York: Wiley

Brawley EC (2001). 'Environmental design for Alzheimer's disease: a quality of life issue.' Aging & Mental Health 5(2 supp 1): 79-83

Chafetz PK (1991). 'Behavioural and cognitive outcomes of SCU care.' Clinical Gerontologist 11: 19-38

Chappel NL and Reid CR (2000). 'Dimensions of care of dementia sufferers in long-term care institutions: are they related to outcomes?' The Journals of Gerontology 55B(4): S234

Cioffi JM, Fleming A et al (2007). 'The effect of environmental change on residents with dementia: the perceptions of relatives and staff.' Dementia 6(2): 215-231

Cleary TA, Clamon C et al (1988). 'A reduced stimulation unit: effects on patients with Alzheimer's disease and related disorders.' The Gerontologist 28: 511-514

Cohen-Mansfield J and Werner P (1995). 'Environmental influences on agitation: an integrative summary of an observational study.' American Journal of Alzheimer's Disease and Other Dementias 10(1): 32-39

Cohen-Mansfield J and Werner P (1998). 'The effects of an enhanced environment on nursing home residents who pace.' Gerontologist 38(2): 199-208

Cohen-Mansfield J and Werner P (1999). 'Outdoor wandering parks for persons with dementia: a survey of characteristics and use.' Alzheimer Disease & Associated Disorders 13(2): 109-17

Cohen U and Weisman GD (1991). Holding on to home: designing environments for people with dementia. Baltimore: Johns Hopkins University Press

Cox H, Burns I et al (2004). 'Multisensory environments for leisure: promoting well-being in nursing home residents with dementia.' Journal of Gerontological Nursing 30(2): 37-45

Day K, Carreon D et al (2000). 'The therapeutic design of environments for people with dementia: a review of the empirical research.' The Gerontologist 40(4): 397

Day K and Cohen U (2000). 'The role of culture in designing environments for people with dementia: A study of Russian Jewish immigrants.' Environment and Behavior 32(3): 361-399

Dickinson JI and McLain-Kark J (1998). 'Wandering behaviour and attempted exits among residents diagnosed with dementia-related illnesses: a qualitative approach.' Journal of Women & Aging 10(2): 23

Dickinson JI, Mclain-Kark J et al (1995). 'The effects of visual barriers on exiting behaviour in a dementia care unit.' Gerontologist 35(1): 127-30

Elmstahl S, Annerstedt L et al (1997). 'How should a group living unit for demented elderly be designed to decrease psychiatric symptoms?' Alzheimer Disease & Associated Disorders 11(1): 47-52

Evans B (1989). Managing from day to day: creating a safe and workable environment. Minneapolis, MN: Department of Veterans Affairs Medical Centre

Fleming R (1991). Issues of assessment and design for long stay care. Stirling, Scotland: Dementia Services Development Centre. University of Stirling

Fleming R. Bowles J and Mellor S (1989). 'Peppertree Lodge: some observations on the first fifteen months of the first CADE unit.' Australian Journal on Ageing 8(4): 29-32

Fleming R, Forbes I et al (2003). Adapting the ward for people with dementia. Sydney: NSW Department of Health

Fleming R, Bowles J (1987). 'Units for the confused and disturbed elderly: development, design, programming and evaluation.' Australian Journal on Ageing 6(4): 25-28

Forbes D, Morgan D et al (2004). 'Light therapy for managing sleep,behaviour, and mood disturbances in dementia.' Cochrane Databases of Systematic Review (2)

Forbes DA (1998). 'Strategies for managing behavioural symptomatology associated with dementia of the Alzheimer type: a systematic overview.' Canadian Journal of Nursing Research 30(2): 67-86

Gasio PF, Kräuchia K et al (2003). 'Dawn-dusk simulation light therapy of disturbed circadian rest-activity cycles in demented elderly.' Experimental Gerontology 38(1-2): 207-216

Graf A, Wallner C et al (2001). 'The effects of light therapy on mini-mental state examination scores in demented patients.' Biological Psychiatry 50(9): 725-7

Grant LA, Kane RA et al (1995). 'Beyond labels: nursing home care for Alzheimer's disease in and out of special care units.' Journal of the American Geriatrics Society 43(5): 569-76

Greene JA, Asp J et al (1985). 'Specialized management of the Alzheimer's disease patient: does it make a difference? A preliminary progress report.' Journal of the Tennessee Medical Association

78(9): 559-63

Hall G, Kirschling MV and Todd S (1986). ΅Sheltered freedom―an Alzheimer's unit in an ICF.΅ Geriatric Nursing, 7: 132-137

Hanley IG (1981). ΅The use of signposts and active training to modify ward disorientation in elderly patients.΅ Journal of Behavior Therapy and Experimental Psychiatry 12(3): 241-247

Hasegawa K (2007). Campaign to build a dementia-friendly community. Tokyo: Dementia Care Research and Training Centre

Hewawasam LC (1996). ΅The use of two-dimensional grid patterns to limit hazardous ambulation in elderly patients with Alzheimer's disease.΅ Nursing Times Research 1(3): 217-227

Hoglund JD, Dimotta S et al (1994). ΅Long-term care design: Woodside Place―the role of environmental design in quality of life for residents with dementia.΅ Journal of Healthcare Design 6: 69-76

Howard Partners (2005). The emerging business of knowledge transfer: creating value from intellectual products and services, Department of Education, Science and Training

Judd S, Marshall M and Phippen P (1998). Design for dementia. London, Journal of Dementia Care, Hawker Publications Ltd.

Kidd B (1987). ΅Aldersgate Village―an experiment in the design of a client-centred nursing home.΅ Architecture Australia 76(3): 91-94

Kidd B (1994). Designing buildings for people with dementia: a positive view. A collection of articles by health professionals and carers. Department of Veterans' Affairs, Commonwealth of Australia: 137

Kihlgren M, Hallgren A et al (1994). ΅Integrity promoting care of demented patients: patterns of interaction during morning care.΅ International Journal of Aging and Human Development 39(4): 303-319

Kovach C, Weisman G et al (1997). ΅Impacts of a therapeutic environment for dementia care.΅ American Journal of Alzheimer's Disease and Other Dementias 12(3): 99-110

Kuhn D, Kasayka RE et al (2002). ΅Behavioural observations and quality of life among persons with dementia in 10 assisted living facilities.΅ American Journal of Alzheimer's Disease and Other Dementias 17(5): 291 -298

Lawton M, Fulcomer M et al (1984). ΅Architecture for the mentally impaired elderly.΅ Environment and Behavior 16(6): 730-757

Lawton M, Weisman G et al (2000). ΅Professional environmental assessment procedure for special care units for elders with dementing illness and its relationship to the therapeutic environment screening schedule.΅ Alzheimer Disease and Associated Disorders 14: 28-38

Lawton MP, Fulcomer M and Kleban M (1984). ΅Architecture for the mentally impaired elderly.΅ Environment and Behaviour, 16:730-757

Lefroy RB, Hyndman J et al (1997). ΅A special dementia unit (hostel). Review of the first eleven years of operation.΅ Australian Journal of Ageing 16(1): 16-19

Leon J and Ory MG (1999). ΅Effectiveness of special care unit (SCU) placements in reducing physically aggressive behaviours in recently admitted dementia nursing home residents.´ American Journal of Alzheimer´s Disease and Other Dementias 14(5): 270-277

Low LF, Draper B et al (2004). ´The relationship between self-destructive behaviour and nursing home environment.´ Aging & Mental Health 8(1): 29-33

Marshall M (2001). Environment: how it helps to see dementia as a disability. Care Homes and Dementia. S Benson, The Journal of Dementia Care

Mayer R and Darby SJ (1991). ´Does a mirror deter wandering in demented older people?´ International Journal of Geriatric Psychiatry 6(8): 607-609

McAllister CL and Silverman MA (1999). ´Community formation and community roles among persons with Alzheimer´s disease: A comparative study of experiences in a residential Alzheimer´s facility and a traditional nursing home.´ Qualitative Health Research 9: 65-85

Melin L and Gotestam GK (1981). ´The effects of rearranging ward routines on communication and eating behaviours of psychogeriatr ic patients.´ Journal of Applied Behaviour Analysis 14: 47-51

Mishima K, Okawa M, Hishikawa Y, Hozumi S, Hori H and Takahashi K (1994). ´Morning bright light therapy for sleep and behaviour disorders in elderly patients with dementia.´ Acta Psychiatry Scandinavia 89: 1-7

Mooney P and Nicell PL (1992). ´The importance of exterior environment for Alzheimer residents: effective care and risk management.´ Healthcare Management Forum 5: 23-29

Moore KD (1999). ´Dissonance in the dining room: a study of social interaction in a special care unity.´ Qualitative Health Research 9: 133-155

Morgan DG and Stewart NJ (1997). ´The importance of the social environment in dementia care.´ Western Journal of Nursing Research 19(6): 740-761

Morgan DG and Stewart NJ (1998). ´Multiple occupancy versus private rooms on dementia care units.´ Environment and Behavior 30(4):487-503

Morgan DG and Stewart NJ (1999). ´The physical environment of special care units: needs of residents with dementia from the perspective of staff and family caregivers.´ Qualitative Health Research 9(1): 105-18

Morgan DG Stewart NJ et al (2004). ´Evaluating rural nursing home environments: dementia special care units versus integrated facilities.´ Aging & Mental Health 8(3): 256-65

Moss B (1983). Dementia: who cares? Hawthorn, Victoria: Moorfields Community for Adult Care

Namazi KH and Johnson BD (1992). ´Dressing independently: a closet modification model for Alzheimer´s disease patients.´ American Journal of Alzheimer´s Care and Related Disorders and Research 7: 22-28

Namazi KH and Johnson BD (1991a). ´Environmental effects on incontinence problems in Alzheimer´s disease patients.´ American Journal of Alzheimer´s Disease and Other Dementias 6(6): 16-21

Namazi KH and Johnson BD (1991b). ´Physical environmental cues to reduce the problems of incontinence in Alzheimer´s disease units.´ American Journal of Alzheimer´s Disease and Other Dementias 6(6): 22-28

Namazi KH and Johnson BD (1992a). 'Pertinent autonomy for residents with dementias : modification of the physical environment to enhance independence.' American Journal of Alzheimer's Disease and Other Dementias 7(1):16-21

Namazi KH, Rosner TT et al (1991). 'Long-term memory cuing to reduce visuospatial disorientation in Alzheimer s disease patients in a special care unit.' American Journal of Alzheimer's Disease and Other Dementias 6(6): 10-15

Namazi KH, Rosner TT and Calkins MP (1989). 'Visual barriers to prevent ambulatory Alzheimer's patients from exiting through an emergency door.' The Gerontologist 29: 699-702

Nelson J (1995).' The influence of environmental factors in incidents of disruptive behavior.' Journal of Gerontological Nursing 21(5): 19-24

Netten A (1989). 'The effect of design of residential homes in creating dependency among confused elderly residents: a study of elderly demented residents and their ability to find their way around homes for the elderly.' International Journal of Geriatric Psychiatry 4: 143-153

Nolan B, Mathews R et al (2002). 'Evaluation of the effect of orientation cues on way-finding in persons with dementia.' Alzheimer's Care Quarterly 3(1):46-49

O'Connor D (2007). A review of the literature on psychosocial interventions for behavioural and psychological symptoms of dementia. Sydney: Primary Dementia Collaborative Research Centre

Opie J, Rosewarne R et al (1999). 'The efficacy of psychosocial approaches to behaviour disorders in dementia: a systematic literature review.' Australian & New Zealand Journal of Psychiatry 33(6): 789-99

Passini R, Pigot H et al (2000). 'Way-finding in a nursing home for advanced dementia of the Alzheimer's type.' Environment and Behavior 32(5): 684-710

Passini R, Rainville C et al (1998). 'Way-finding with dementia: some research findings and a new look at design.' Journal of Architectural and Planning Research 15: 133-151

Phillips CD, Sloan PD, Howes C and Koch G (1997). 'Effects of residence in Alzheimer disease special care units on functional outcomes.' Journal of American Medical Association 278: 1340-1344

PhillipsKPA Pty Ltd (2006). Knowledge transfer and Australian universities and publicly funded research agencies. Australia: The Department of Education, Science and Training

Quincy MS, Adam R et al (2005). 'The association of neuropsychiatric symptoms and environment with quality of life in assisted living residents with dementia.' The Gerontologist 45(1): 19

Rabins PV, Kasper JD et al (2000). Concepts and methods in the ADRQL: an instrument for assessing health-related quality of life in persons with Alzheimer's disease. New York: Springer Publishing Company

Reimer MA, Slaughter S et al (2004). 'Special care facility compared with traditional environments for dementia care: a longitudinal study of quality of life.' Journal of the American Geriatrics Society 52(7): 1085

Rheaume YL, Manning BC et al (1998). 'Effect of light therapy upon disturbed behaviours in Alzheimer patients.' American Journal of Alzheimer's Disease and Other Dementias 13(6): 291-295

Rosewarne R, Opie J et al (1997). Care needs of people with dementia and challenging behaviour living in residential facilities. Australian Government Publishing Service

Satlin A, Volicer L, Ross V, Herz L and Campbell S (1992). 'Bright light treatment of behavioural and sleep disturbances in patients with Alzheimer's Disease.' American Journal of Psychiatry 149: 1028-1032

Schwarz B, Chaudhury H et al (2004). 'Effect of design interventions on a dementia care setting.' American Journal of Alzheimer's Disease and Other Dementias 19(3): 172-6

Sloan PD, Mitchell CM, Preisser JS, Phillips C, Commander C and Burker E (1998). 'Environmental correlates of resident agitation in Alzheimer's disease special care units.' Journal of American Geriatrics Society 46: 862-869

Sloane PD, Christianna P et al (2007). 'High-intensity environmental light in dementia: effect on sleep and activity.' Journal of the American Geriatrics Society 55(10): 1524

Sloane PD, Mathew LJ et al (1991). 'Physical and pharmacologic restraint of nursing home patients with dementia. Impact of specialized units.' JAMA 265(10): 1278-82

Sloane PD, Mitchell CM et al (1998). 'Environmental correlates of resident agitation in Alzheimer's disease special care units.' Journal of American Geriatrics Society 46: 862-869

Thorpe L, Middleton J et al (2000). 'Bright light therapy for demented nursing home patients with behavioural disturbance.' American Journal of Alzheimer's Disease and Other Dementias 15(1): 18-26

Torrington J (2006). 'What has architecture got to do with dementia care? Explorations of the relationship between quality of life and building design in two EQUAL projects.' Quality in Ageing 7(1): 34

Valle R (1989). Cultural and ethnic issues in Alzheimer's disease family research: Alzheimer's disease treatment and family stress: directions for research. Light E and Lebowitz BD. Rockville, MD: Department of Health and Human Services

van Someren EJ, Kessler A et al (1997). 'Indirect bright light improves circadian rest-activity rhythm disturbances in demented patients.' Biological Psychiatry 41 (9): 955-63

Wells Y and Jorm AF (1987). 'Evaluation of a special nursing home unit for dementia sufferers: a randomised controlled comparison with community care.' Australian & New Zealand Journal of Psychiatry 21(4): 524-31

Wolfensberger W (1972). Normalisation. The principle of normalisation in human services, National Institute on Mental Retardation (NIMR)

Wood W, Harris S et al (2005). 'Activity situations on an Alzheimer's disease special care unit and resident environmental interaction, time use, and affect.' American Journal of Alzheimer's Disease and Other Dementias 20(2): 105-118

Zeisel J, Silverstein NM et al (2003). 'Environmental correlates to behavioural health outcomes in Alzheimer's special care units.' The Gerontologist 43(5): 697

'The development of the long-term care system until now and future issues.' Tokyo: Ministry of Health, Labour and Welfare: http://www.mhlw.go.jp /english/topics/elderly/care/5.html

写真クレジット（p.62, pp.65-70, p.73）：Daniel Kozak

スターリング大学 認知症サービス開発センター（DSDC）について

DSDC（Dementia Services Development Centre）は、イギリス・スコットランドのスターリング大学（University of Stirling）に本拠を置く、認知症の人たちの生活の改善について専門に研究する国際機関。認知症ケアに関わる、施設デザイン、環境デザイン、その他様々なアプローチによる研究と実践から得た包括的で最新の知見を社会に提供し、サービスの改善、政策への働きかけを行っている。

訳者解説：スコットランドで見学したケアホームについて

　認知症のためのデザインには、普通の建築家がまず気づかないような、こまごまとした注意すべきことが多々ある。たとえば、認知症の人は新しいことを憶えられないので、水道の蛇口などでも、昔から馴染んでいるタイプでないと、使い方がわからなくなってしまうということになりかねない。第Ⅰ部のチェックリストによれば、寝室が中廊下の両側に配置されたケアホームでは、寝室ドアの正面に、中廊下を挟んで別の寝室のドアがあるというプランでは、認知症の人は、自室のドアを出ると目の前のドアに向かって無意識に進んでしまい、向かいの部屋に入り込んでしまうことがありうる。そうなると、自分がどこにいてどこに行こうとしていたのかがわからなくなって混乱してしまうだけでなく、その部屋の住人に迷惑をかけたり、持ち物に触れてしまうといったトラブルを招きかねない。

　認知症ためのデザインについての専門知識をもっていない建築設計者は、そうしたことにまで想像を巡らすことは困難であろう。さまざまな過去の設計プランを検討し、これまでの優れた事例を数多く見学したうえで、注意深い検討を進めていくであろうが、それだけでは、つまり、優秀な建築家が通常の建築設計の作業を丁寧に進めていくだけでは、認知症の人のための優れた建築デザインを生み出すことは、とても無理そうなことがわかるのである。認知症の人のための環境デザインには、そのための特別の知識やノウハウが不可欠なのであり、しかも、認知症についての知識やノウハウは常に進化しつづけているのである。

　たとえば、認知症の人はしばしば空間視覚に障害をもっており、立体的な視覚認識に問題を抱えていることが知られている。床の色合いが一様でないと、色（や明度）の違いが段差（や穴など）として認識されるというのも、認知症高齢者によく見られる障害である。当然のことであるが、床と壁、その境の巾木の色合いが対比していることによって、床がどこで終わり、どこから壁になっているかが明瞭でなければならない。こうしたことは認知症の人のための環境デザインにおいては、言わば常識なのだが、こうしたことを知らずに認知症の人のための居住環境を設計するならば、さまざまな思いがけない事故や支障が引き起こされることになる。

　色合いと立体視の問題は、階段を上り下りするにあたって、認知症の人は階段のステップ（踏み面）の端の位置を正しく認識できないことがあることを意味するから、階段を踏み外せば、命にも関わりかねない。そこで、認知症の人たちは、ステップを見るのではなく、壁との境目の巾木が折れ曲がってギザギザになっているところを見ることによって、階段であることを認識しているのだということを、スターリング大学の認知症サービス開発センターにおける（見学者用の）階段を見せながら、私の友人で初代所長のメリー・マーシャル教授が説明してくれたのだが、こうしたことは認知症の本人が研究に参加するようになった最近になってわかってきたことなのである。

　第Ⅰ部のチェックリストは、こうした認知症のための建築設計にあたっての特別な留意事項を網羅したものであるが、これらは英国（スコットランド）のケアホーム文化を背景にしたものであり、日本や訳者がかつて訪問した北欧のケアホームなどとは違った面を持っていることに、読者の注意を促しておきたい。以下に、イギリス（スコットランド）で、訳者が見学した最新のケ

132

アホームについて、やや詳しく解説しておきたい。

〈プリーンのケアホーム〉

　筆者は、スコットランドのスターリング市中心部から南東5kmくらい離れたプリーンという村にあるケアホーム（2012年6月開設）を、このホームのインテリア空間を設計した建築家とともに見学する機会をもった。このケアホームはウイリアム・シンプソンズ財団という組織が経営しているコルサコフ症候群（過度の飲酒によって生じた認知症）を発症した退役陸軍兵士たちのためのものであった。認知症のための最も素晴らしいデザインであるので、是非とも見学するようにと、メリーが薦めてくれたものである。

　メリーの話によれば、コルサコフ症になった元兵士たちは、このケアホームができる前は、同じ敷地にあった昔の建物で同じ職員たちにケアを受けながら生活していたものの、居住者たちの間には口論や暴力などの諍いが絶えなかったのだということであった。コルサコフ症の元兵士たちは、こうした施設がなければ間違いなく精神病院に収容されて身体の自由を奪われ、精神安定剤を投与された朦朧とした日々をベッドの上で過ごすことになるような人たちなのだと、彼女は断言していた。しかしながら、新しいホームができ、そこで暮らし始めるようになると、居住者たちの粗暴な振る舞いはすっかり影を潜めてしまったというのだ。メリーは、認知症の人びとにとって、いかに環境デザインが重要であるのかを、このホームのデザインが雄弁に物語っていると言うのである。

　われわれはこのケアホームの設計者の1人、リズ・ファッグルさん（認知症デザインの専門家であり、認知症のためのインテリアデザインについての最近の著書がある）と、彼女の同僚の日本人の長か部うみさんと現地に向かった。村はずれの奥に見えるケアホームは、新しい建物なのだが、風景に溶け込んでおり、昔からずっと建っているような佇まいだ。

　リズさんの話では、このホームの建物でもっともお金がかかったのは、屋根を葺いているスレートだったという。というのも、イギリスでは、新築や改築、用途の変更などにあたって、自治体の都市計画当局から計画許可を取得する必要があるのだが、この建物の計画許可の条件として、色合いが僅かに異なる安価な輸入のスレートではなく、昔から使われてきた現地産スレートの使用が求められたからだと言うことであった。つまり、このホームが風景に溶け込んでいるのには、大金がかかっていたと言う訳なのだ。

　建物は白く塗装してあるものの、屋根や窓の形などからは、昔ながらの石造りのように見える。しかし実際は、イギリスで近年増えてきている木骨構造の建物だという。認知症のための施設では、壁構造ではなく架構構造にすることが多い。というのも、木骨構造とか鉄骨構造であれば、間仕切りが自由になるので、室内の壁をガラス窓にして見通しのよい空間にすることができる。認知症の人にとってはわかりやすく、介護スタッフにとっては見守りがしやすい環境をつくりやすいのである。

　プリーンのケアホームは、それぞれシャワー・トイレ付きの8つの寝室と食堂やラウンジなどで構成されたユニットが1階と2階にそれぞれ4ユニットの合計8ユニット、64人のための建物であり、中心にユニットを繋ぐ廊下と共用室やスタッフのための部屋があり、中心廊下の両端から左右に各ユニットにアクセスするようになっている。各ユニットへの入り口は、昔ながらの

訳者解説　133

イギリス住宅の玄関ドア（鮮やかにペンキが塗り分けられ、ドアの中央に金属製の番地番号が取り付けられている）になっており、誰もが馴染んでいる「家」としての設えである。さらに、ドアの脇の壁にガラスを嵌め、中の様子が窺えるようにしてあり、ユニットを間違えないような工夫もなされていた。

ユニット内に入ると、ゆったりとしたラウンジ（居間）があり、コーナーに設えられた暖炉の周りに8人全員分の背の高い安楽椅子が置かれている。イギリスのケアホームにおけるラウンジの重要性が強く感じられるつくりである。

ラウンジからは、別のユニットとの間につくられた中庭に出られる。ラウンジは食堂スペースに繋がっており、食堂スペースのアルコーブにはキッチンがつくられている。共用スペースの全体が見通しのよいつくりになっており、自分がどこにいるのか、また何がどこにあるのかを忘れてしまったとしても、周りを見るだけですぐにわかるようになっている。ちなみに、キッチンに置かれた冷蔵庫の扉は透明ガラスになっており、中に何が入っているのかが、外から一目瞭然になっているなど、すべてが認知症にやさしい環境の設えである。

共用スペースから寝室へは中廊下を通ってアプローチするが、中廊下は人工照明だけでなく、奥から外光が入るようにしており、高齢者や認知症の人に必要とされる明るさの確保を重視していた。また、他人の寝室に入り込むといったトラブルを避けるために、廊下の左右の寝室のドアの位置を非対称にすべく、間仕切り壁の位置を廊下の左右でずらしている。

このホームには、かなり大きな天井の高い広いカフェがあって、2階からもカフェの様子が広いガラス越しに見渡せるようになっている。カフェからは中庭に出られるようにもなっている。

この建物は中心を貫く広めの廊下によって4つのユニットを繋いでいるのであるが、この中央の廊下の片側の中ほどに大きなカフェがあることによって、またユニットの入り口ドアをわかりやすいものにすることによって、ユニットの外に出ても、混乱しないよう建物全体がとてもわかりやすいものになっている。

われわれがホームを見学していたとき、入居者の1人がアクティビティ室で電子ピアノを弾いていた。また、カフェにいた数人も、それぞれ気ままにゆったりと自分の時間を過ごしているという印象であった。この建物ができる以前には口論や争いが絶えなかったというのが嘘のように、静かで落ち着いた環境だったのだ。

〈ケアディーン・ハウス〉

ケアディーン・ハウスはプリーンのホームの共同設計者であるリズが設計したもので、ケアという名前の民間組織が運営している。

エディンバラ市の南端のコリントン地区に至るレッドフォード通りに2013年4月に開設されたもので、認知症の人だけでなく、虚弱な高齢者やまだ元気に自分の車に乗って外出できるような人たちも、それぞれ別のユニットに分かれて暮らしている。コリントンは、ペントランド・ヒルズという丘陵に近い高級住宅地であり、その中心には昔の村の家並みが残っている。このホームはコリントンへ向かう幹線道路沿いにあるが、背後には広い緑を残している。つくりは鉄骨構造だということであり、外観はプリーンのホームのような伝統的なデザインではないものの、感じのよい瀟洒な建物であった。

各ユニットはそれぞれシャワー・トイレ付きの寝室が 10 部屋と食堂、ラウンジなどで構成され、1 フロアに 3 ユニットの 3 階建てで、合計 9 ユニット、90 人の規模である。

　訳者は以前リズとうみさんが日本を訪問したときに、このホームの図面をすでに見せてもらっていて、設計案についての感想を求められてもいた。私が感じたのは、北欧の認知症のホームなどでは、各ユニット内のラウンジ・食堂・寝室が、建物全体の床面積のほとんどを占めているのに対して、このホームの図面では共用部分（カフェ・アクティビティルーム・図書室などを含む）の面積が、かなり大きくとられていることであった。「この設計が活かされるかどうかは、ホームの運営者が共用部分をどのように使うかにかかるだろう」と感想を述べたことを思い出す。

　近年は、認知症の人を室内に閉じ込めてしまうのではなく、戸外の自然に触れられることを重視しており、このホームには 3 つのユニットのラウンジからは認知症の人が安全に外に出られるように柵で囲った 4 つの庭がつくられていた。われわれの訪問時にはどの庭にも人影がなかったものの、草花や灌木類などが植えられ、歩きやすそうな遊歩道のあちこちに休息用のベンチなどが置かれており、なかなかに心地良さそうである。

　しかしながら、案内してくれたホームの職員の話によると、このホームの 9 ユニットは、認知症の人のための 3 ユニット、虚弱な高齢者のための 3 ユニット、元気な高齢者のための 3 ユニットに分かれているのだが、実はそれが階によって分かれているのではなく、縦割りに 1 ～ 3 階に積み重なっているということであった。つまり、認知症の人のための庭付きのユニットは 1 つだけで、他のユニットは 2 ～ 3 階にあるので庭には出られない。しかも、各ユニットは暗証番号でロックされていたから、共用部分を自由に使えるのは元気な高齢者にほぼ限られていることもわかった。

　各室のサイン表示など、建物の内部は、認知症の人にわかりやすいような細やかなデザイン上の配慮がなされていた。安全のためにバルコニーの手すりは高く設置してあるが、圧迫感を与えないよう、また影をつくらないよう、柵にはガラスを使っていた。また介助シャワー室の床は、つまずかないように段差を設けず、部屋全体を防水仕上げにしていたりした。中廊下の両側の寝室のドアの位置をずらしてあるといったことも、前述したプリーンのホームと同様であった。

　しかし、車椅子の人が共用スペースにある図書室を利用するには、職員ではなく家族の人が連れ出すのだという説明だった。2 階のカフェの外側や 3 階には快適そうな屋上テラスがつくられていたのだが、認知症の人が自分でそこに行けないのでは、利用するすべがない。そして、共用空間を充実させたこのホームは、その代償としてユニット内のラウンジや食堂の空間が（たとえば、プリーンのホームに比べると）かなり狭く、椅子が窮屈に並べられているといった感じでもあった。「この設計が活かされるかどうかは、ホームの運営者が共用部分をどのように使うかにかかるだろう」という私の危惧は、共用部分についてのみならず、認知症の人たちのために用意したはずの庭についても、悪い方向に的中してしまっていた。設計当時の意図と、その後の運営との間には、齟齬が出てくることに注意が必要であろう。

　ところで、元気な人たちは車を持っていて、自分で運転してあちこちに外出するのだということを、ホームの運営者は得意げにわれわれに語ってくれていた。しかし、彼らが車を運転できなくなったら、どうなるのだろうか？ やがて彼らもそうなるだろう。もちろん、エディンバラはバスの便がよいから、市の中心部には行くことができる。しかも、高齢者はバス（や最近できた路

訳者解説　135

面電車）を無料で利用できる。しかし、近くのコリントンの村のカフェまで、歩いていくことはできるのだろうか？そこで、このホームを後にして、われわれは歩いてみた。このホームからコリントンまでは近いとはいえ、徒歩だと 30 分くらいかかった。足の遅い高齢者は 40 〜 50 分はかかるだろう。おそらくスコットランドでは、元気なうちは、ケアホームよりも小さな町に住む方が認知症の人にはやさしそうである。

〈ドラムブレー・ケアホーム〉

　エディンバラで見学したもう 1 つのケアホームは、市の西部に 2013 年の春につくられたもので、市が運営している。このホームは近くの幹線道路の名称に因んでドラムブレー・ケアホームと名付けられている。ドラムブレーの 'ブレー' とは '坂' を意味するスコットランド語である。ホームはこの幹線道路の中ほどから東の方向に入った住宅地の中の、もともとは小学校があった敷地に建てられたとのことである。イギリスの小学校は日本に比べると一般に小規模なので、このケアホームも決して大規模ではない。各フロア 2 ユニットの 2 階建て、合計 4 ユニットの建物である。ただし、1 ユニットが通常よりも大きく各シャワー・トイレ付きの 15 寝室で構成されているので、60 人の定員ということになる。

　ホームの建物は住宅地の道路の突き当たりに位置し、入り口は北側の中央にある。南側には 2 つのユニットに挟まれて庭がつくられており、植え込みや花壇などとともに、ベンチやパーゴラが配されたスペースがある。建物の南面には芝生の公園が大きく広がっており、芝生の先にはこんもりとした樹々が見える。景観的には素晴らしい立地である。

　われわれを案内してくれたのは、エディンバラ市が運営する認知症のためのケアホームやデイ・センターの管轄責任者であるマリオン・ランドールさんであった。エディンバラ市には 11 カ所の市営の認知症ケアホームがあるとのことであり、認知症のケアホームは 1980 年代から作られるようになったという。当初は 1 ユニット 8 人、その後も 1 ユニット 10 人の規模だったのが、このホームを 1 ユニット 15 人にまで拡大することにしたのは、職員が手薄になる夜間に事故が発生したことであり、限られた運営予算のもとで夜間職員を適切に配置する必要が生じたことが契機となったということである。

　エディンバラ市の認知症ホームの職員と入居者の比率は、昼が 1：3、夜が 1：4 とのことで、この 60 人規模のホームは、昼は 30 名、夜は 15 名の職員で運営しており、全体の職員は 100 名とのことである。職員の他に 11 名のボランティアがいて、ガーデニングなどの活動を手伝っているとのことであった。

　このホームは、グラスゴーの建築設計者によるもので、プランの特徴は、各ユニットがそれぞれほぼ正方形の（明かり取りの）中庭の周りに配置されていることである。中庭の 3 方向を囲んでいるのは廊下で、この総延長としてはかなり長い矩形状の廊下の周りにすべての寝室とラウンジが配されている。食堂（兼アクティビティ室）だけは中庭に面していて、1 階ユニットの食堂からは中庭に出ることができる。

　このため、通常はユニット内に隣接している食堂とラウンジ（暖炉やテレビがあり、高い背もたれの安楽椅子が置かれた居間）が、少し離れて位置しているのが、このホームの特徴である。食堂はアクティビティにも用いられるので、食堂から少し離れた別の部屋のラウンジは、落ち着

いた雰囲気が確保されている。

　廊下のほとんどが中庭に面しているので明るく、さらに中庭に面した廊下の中央部分にはアルコーブがつくられ、単調にならないように工夫されている。廊下は何度も折れ曲がっているので、どこにいるのかがわかりにくいのだが、ユニット内を一周するつくりになっているので、どちら向きに進んでいったとしても、必ず目的地に達することができる。つまり、認知症の人に適した設計になっているのだと、マリオンさんは言っていた。ユニット内に中庭を設けることを可能にしているのは、15寝室（さらに1つの客用寝室）という規模であり、この規模をうまくプランに活かしている。

　各フロア2つのユニットは、東西で対称的なプランである。ちなみに東側のユニットでは、東側に面しているのが6寝室（および1つの客用寝室）、南側に4寝室、西側に2寝室とラウンジ、北側は3寝室の計15寝室（および1つの客用寝室）である。

　西側のユニットも同様であるが、東西が対称的に入れ替わることになる。各階の東西2つのユニットは共通スペース（1階ではホワイエ、2階では共用のアクティビティ室など）を介して繋がっており、共用スペースの南側は、東西2つのユニットとの間を庭にしている。1階ユニットのラウンジからは庭に出られ、2階ユニットのラウンジおよび共用のアクティビティ室には、庭に向かってバルコニーが設けられている。

　訳者が2001年に北欧の認知症ホームを数多く見学したとき、その頃のスウェーデンやノルウェーのホームの1ユニットは6〜8名の規模であった。また、フィンランドのタンペレ市においてはソプムスヴィオリ（合意の丘）財団が経営する認知症ホームのいくつかを、数日間にわたって詳しく見学したことがある。フィンランドの人びとの文化的な好みを反映して、2人部屋が主体であったのであるが、1ユニットの規模を10人から14人へと徐々に大きくした結果、14人規模（その内、1人部屋1つはショートステイ用）では、やや大きすぎたとの反省があって、当時新しく建設中であったホームは再び10人規模へと戻していたことを思い出す。

　このドラムブレー・ケアホームの1ユニットは15人であるから、認知症ホームのユニット規模としては恐らく最大限であるように思われる。しかし、15室を7室＋8室に分けてスタッフを配置しているそうであり、このケア体制でうまくいっているとのことであった。

　マリオンさんはこのホームの設計が気に入っており、次に建設予定しているケアホームも、このホームの設計とほぼ全く同じにするということであった。わずかの違いは収納庫であり、入居者が自分の家具を持ち込んだ場合に、不要となったホーム備え付けの家具を収納しておくスペースが、想定したよりも多く必要となることがわかったからだということであった。確かに、このホームの設計は、廊下の幅を車椅子が無理なくすれ違える寸法にしていたことを含め、あらゆるスペースがほどよい寸法になっていたことに気づかされる。鉄骨構造であったが、寝室の間仕切り壁は、煉瓦積みにしているとのことであった。遮音性が高まるだけでなく壁の損傷が少なくなるので、修繕工事が減り、維持費の節約に繋がっているとのことであった。

　次に建設する市営ホームも同じ設計にするということは、運営にあたっての人件費や安全性などを含めた総合的な見地に立てば、ユニットの規模を最大限にしながらも、認知症のためのデザインを追求したこのホームは、認知症のためのケアホーム建築が辿り着いた、ひとつの模範回答であると言えるのかも知れない。

訳者解説　137

余談だが、認知症の人のケアに関して、マリオンさんは自分が過去に経験した興味深いエピソードをわれわれに語ってくれた。ある認知症の男性が、夜になって皆が寝静まろうとする頃に、決まって皆の寝室のドアを叩き回りはじめるので、ケアホームの住人たちが眠れなくなり、非常に困らされたというエピソードである。やがてわかったことは、この男性は、劇場の支配人という経歴の持ち主であり、劇が始まる時間が近づくと、俳優たちの楽屋のドアを叩き回るのが日課だったということである。そこで、この男性には、夕食の前に皆のドアを叩いてもらうように逆にお願いしたそうである。その結果、問題はすべて解決したとのことであった。

　このエピソードは、一人一人に向き合ったパーソン・センタード・ケアがいかに認知症の人にとって重要になるのかを示しているように思う。認知症のケアホームにおいては、居住者の一人一人が、どのような人生を送ってきたかを知っておくことが欠かせないのだと、マリオンさんは強調していたのである。

　ところで、われわれがこのケアホームを訪れたときの第一印象は、雰囲気があたたかく、センスのよさが感じられたことである。入り口のホワイエには数枚の抽象画などが掛けられていたが、どれも、筆者の目にはなかなかによい作品に見え、絵の横には寄贈者の名前が書かれたプレートが貼られていたりしていたのが、小さな美術館のような趣きであった。家具類や置物なども、高価なものではないのであろうが、よく調和しており家庭的な設えだった。インテリアデザインは、壁紙や床のカーペットは建築家が決めたということであったが、カーテンや家具類、インテリアの置物などはマリオンさんが2週間ほどかけて、すべて自分で選んだのだとのことだった。

　市営のケアホームというと、施設的な雰囲気を想像しがちだが、このホームは違っていた。このホームが1ユニット15人の規模でうまくいっているのには、パーソン・センタード・ケアが実践されていることとともに、居心地のよい建築環境がつくられていることが寄与していそうである。

〈スコットランドと日本のケアホームの文化的な違い〉

　日本の多くのケアホームと、スコットランド（あるいはイギリスを含めた欧米諸国）のケアホームには、何かしらの違いがあるように筆者は感じていたのであったが、このことをはっきりと気づかせてくれたのは、アビーフィールドという慈善団体が運営するケアホームを見学した時のことであった。このケアホームは、スターリング大学に隣接するブリッジ・オブ・アランの町の中心の通りにあり、保存建築に指定されている昔の建物（大きめの住宅）を利用している。

　われわれを案内してくれたのは、このホームの責任者のジェーン・リッチーさんであった。このホームの運営はすべてジェーンさんの責任だということであり、事務所になっている屋根裏部屋には、入居者一人一人について細かくチェックした書類が保管され、入居者一人一人の履歴が細かく把握され、パーソン・センタード・ケアが実行されていることが見て取れた。

　イギリスのケアホームは、看護師がいるナーシングホームと、看護師がいない（つまり、より自立度が高い高齢者に向けた）レジデンシャルホームに大別されるが、このホームは看護師のいないレジデンシャルホームである。看護師を必要とするケアについては地域の訪問看護師に頼っているとのことであった。なお、レジデンシャルホームでも、介護度合いが高まったという理由によって、本人や家族の意向に反してナーシングホームへと移されることはなく、最後まで住み

続けられることが法律によって保障されている。しかしながら、レジデンシャルホームは、やはり元気な人が中心である。ちなみに、前述したエディンバラのケアディーン・ハウスもレジデンシャルホームである。

このホームの居住者は女性7名、男性1名の計8名であり、ごく小規模なホームである。訳者が見学した時には入居者にはそれとわかるような認知症の人は見られなかったが、グラスゴーから女性がさらに1人、ショートステイで滞在していた。

このホームには夜間のスタッフは配置されていない。夜間の見守りはセンサーによって監視するアラームシステムを使っているそうで、人件費を節約することによって、入居費用を通常の（看護師がいる）ホームの半額ほどに抑えているとのことであった。

ここでは多数のボランティアが参加しているとのことであり、入居者を医者に連れて行ったり、買い物に連れて行ったりして、地域との繋がりを助けているのだということであった。ボランティアが多数参加しているのには、このホームがブリッジ・オブ・アランの中心地に立地していることに大きな理由があるように筆者は感じた。町の中心にあるこのホームは、地域に住むボランティアたちにとって、訪ねやすい至便な立地であるとともに、訪ねてみたくなるような昔の建物でもあったからだ。

週に1回、このホームの1階のラウンジにおいて、入居者たちとボランティアたちとの交流のお茶の会が催されるということであったが、訳者がこのホームを訪ねたのは、ちょうどお茶の会が開かれる日であった。ラウンジには入居者たちが集まってきた。それも、皆さんがお洒落なよそ行き姿であり、首飾りなどのアクセサリーを身に付けたりしている。男性居住者も、洒落たジャケットを着ていた。

日本のケアホームでは、居住者たちが集まる場に、全員がお洒落をしているような様子を見かけることがほとんど無かったように思い、この点に日本との文化の違いがあることを意識させられたのである。

そもそも、日本のケアホームの多くには、共用スペースとしての食堂や、ときにアクティビティ室などはあるものの、皆が集まれるだけの十分な広さのラウンジ・エリアが用意されていることは稀であろう。しかしながら、スコットランドのケアホームでは、例外なしに、食事のスペースとは別に、安楽椅子が置かれたラウンジ・エリアが設けられていた。住まいにラウンジが不可欠である以上、ケアホームにおいても（住宅風の）ラウンジが欠かせないというのが、スコットランド（イギリス）の文化なのだということに気づかされた。市街地をコンパクトに保ち、昔からの街並みを保存していくという‘まちづくりの文化’、また、ラウンジに象徴されるような‘住まいの文化’といったものは、日本にいてはなかなか気づきにくいものであることを、あらためて認識させられた。

〈ケアホームのコスト〉

最後にイギリスのケアホームにかかるコストについて一言。社会保障についての仕組みや制度というのは、かなり込み入っており、似ているように感じられても、実体や運用はそれぞれの国や自治体によって大きく異なっていることがしばしばである。しかし、ケアホームのコストといったものは、つきつめれば施設費と人件費に還元できるから、本来の金額は先進国の間ではそれほ

訳者解説　139

ど違わないはずである。たとえば、日本の特養ホームの入居費用が安いのは、費用を補填する制度があるからである。イギリスでは無一文になっても民間のケアホームに居住しつづけられるのであるが、これもまた、社会保障の制度によっている。

　こうしたことのため、筆者はスコットランドのケアホームを見学した際、あえて費用については質問しなかった。しかし、イギリスのケアホームの費用は、決して安いものではなく、むしろ、かなり高いことを注意しておきたい。筆者は、京都の国際会議への出席を兼ねて、ウインストン・チャーチル奨学金を得て来日した認知症回想療法に長く取り組んでいる、ロンドン在住の実践家に会う機会があったのだが、彼女の母親は102歳になる（ただし、認知症ではない）ということであったが、フィリピン人の介護ヘルパーの助けを受けて、自宅で暮らし続けているのだそうだ。というのも、とりたてて立派とはいえないケアホーム（マンチェスター市のナーシングホームだということであるが）でも、月額費用が4000ポンド（1ポンド＝150円とすると月額60万円）にもなり、フィリピン人のヘルパーへの支払額の2倍になってしまうからだそうだ。なお、イギリスでは個人的な介護ヘルパーにも労働ビザが発給されているという。

　筆者は数年前に、大学院留学生の研究指導を通して東京圏1都3県のすべての介護付き有料老人ホームの費用データを集めて計量経済分析をおこなったことがある。月額換算の費用は、施設によってかなりのばらつきがあったものの、平均的には40万円を超える水準に達していた。これに介護保険から支出される金額を加えると、やはり60万円くらいにはなりそうであるから、イギリスと似たような水準だと言えるように思う。

　イギリスの認知症の人の多くはケアホームではなく自宅に暮らしている。したがって認知症にやさしいまちづくりを進めていくことが迫られているのであるが、この背景にはケアホームにおける多大なコスト負担がある。こうした事情は、イギリスでも日本でも共通したものであろう。

訳者あとがき

現在、日本の人口の急速な高齢化とともに、認知症の人たちが激的に増加している。認知症の最大の原因疾患とされているアルツハイマー病などは、病気の進行を遅くする効果が認められている薬がいくつか登場してきたものの、まだ発症原因が解明されていないので、治療はおろか、予防すらできない段階にある。

　医療的な対策が限られているなかで、認知症のケア分野の研究者の多くは、生活環境を改善することによって、損傷を受けている脳内の神経細胞のネットワークの修復・再生を促進できることに注目してきている。言わば、身体リハビリの認知症版である。リハビリによって障害を受けた身体機能が回復できるということは、運動に関わる神経細胞のネットワークが修復・再生できることを示しており、こうした神経細胞のネットワークの修復・再生が認知症患者の脳内でも生じ得るはずだからである。認知症の人々の自由を奪ってストレス状態に置いたり、精神安定剤を投与して神経ネットワークの修復・再生を阻害してしまうのではなく、よりよいケア環境のなかで生活することによって、残された認知機能を維持・改善していこうというアプローチである。

　もちろんアルツハイマー病などの疾患は進行性であるから、神経細胞のネットワークの完全な修復・再生は無理である。しかし、これまでのような病院や施設の環境下で急速に状態が悪化し、やがて（認知症が原因で）植物状態になってしまう、といった従来の認知症についての'何もすることができない'といった医療モデルの認識が改まり、死に至るまでの生活の質や満足を高く維持できることが、さまざまな形で実証されてきたのである。というのも、現在の医療技術では、CT や MRI によって、脳の萎縮などの外形的な変化は確認できても、また、脳 SPECT 画像によって血流が低下している脳の部位などは判断することができても、脳の内部における神経ネットワークがどうなっているかといったことを観察するすべがなく、ましてやネットワークが再生されていく様子などはわからないからである。

　こうした認知症についての新たな認識をもたらす契機になったのは、1997 年に発行された T. Kitwood による"Dementia reconsidered"という 1 冊の本であり、彼が提唱した"パーソン・センタード（人間が中心）"という個人の尊厳を重視したケアのあり方は、（少なくとも謳い文句としてイギリスでは）普遍的な概念となっており、施設の環境を病院的なものから、家庭的・日常的な（そして認知症の本人にわかりやすい）ものにしていくという、本書に示した環境デザインについての考え方の根本をなしているものでもある。

　本書は、当時すでに現役を退き名誉教授となっていた友人のメリー・マーシャル教授（元スターリング大学認知症サービス開発センター所長）から、彼女が編集した"Designing outdoor spaces for people with dementia（認知症の人びとのための戸外空間）"と題された本が贈られてきたことが契機であった。彼女は当時、施設に入居している認知症の人たちのほとんどが屋内に閉じ込められている状態にあることを改善したいという意図のもとに戸外空間の意義を広く認識させるような研究・教育活動を行ってきており、この本もそうした意図のものであった。訳者が注

目したのは、施設に付属した戸外スペースよりも、本書の第Ⅱ部として訳出した近隣環境のデザインを扱っている章であり、認知症の当人たちに同行することによって見出された、環境デザインについての新たな研究成果である。イギリスでも、施設に入居している認知症の人々は全体の2割にすぎず、残りの8割は在宅であるから、認知症にやさしいまちづくりのあり方は、現在のイギリスにおける認知症に関する社会学的な研究分野において最もホットな研究テーマの1つになっていることを、ここに付記しておきたい。

　本書の出版にあたっては、以前、訳者が翻訳した『痴呆を癒す建築（原題：Design for Dementia)』の本づくりに協力いただいた鹿島出版会に再びお願いし、協力いただいた。当初の翻訳出版は2012年ごろから準備を進め、担当者とは、さまざまな打ち合わせを重ねてきたものの、この本（とくに第Ⅰ部）が通常の書籍ではなく、版元であるスターリング大学認知症サービス開発センターの知的財産になっていることから、翻訳権の交渉・解決に多大な時間を要することになってしまった。その後、翻訳権の交渉がまとまったことを受けて、2015年に出版が具体化した。本書では、イギリスの施設に即した、本書のチェックリストの（建築デザインとしての）内容を読者にできるだけ理解していただくため、訳者が2016年に訪れる機会があったイギリス・スコットランドにおける認知症に配慮した最新の施設についての解説を加えた。これらの施設見学にあたっては、現地の日本人建築家の長ケ部うみさんにたいへんお世話になったことを申し添える。この本の翻訳出版にあたり、長くご協力いただいた鹿島出版会の方がた、とくに久保田昭子さんや本書を最終的にまとめるにあたり尽力された安昌子さんに深く感謝申し上げる。
　今年、日本でもついにスターリング大学DSDCの鑑査によって、金賞をとった施設がつくられたとのことである。

訳者略歴

井上 裕　（いのうえ ゆたか）
1947 年東京生まれ。明海大学名誉教授。東京大学工学部卒。工学博士。
英国エディンバラ大学留学。
著訳書に『痴呆を癒す建築』（訳書、鹿島出版会）『ヨーロッパの町と村』（グラフィック社）『これからの高齢者住宅とグループホーム』（学芸出版社）『Creating Culturally Appropriate Outside Spaces and Experience for People with Dementia』（共著本の第 2 章、Jessica Kingsley Publications）『高齢者施設の整備状況と介護付き有料老人ホームの計量分析研究』（共著本の編著、綜合ユニコム）など。
訳者への連絡：「井上裕のホームページ」より検索ください。

認知症にやさしい環境デザイン
施設設計のチェックリスト

2018 年 1 月 25 日　第 1 刷発行

編者	C・カニンガム、M・マーシャル(他)
訳者	井上　裕
発行者	坪内文生
発行所	鹿島出版会
	〒 104-0028　東京都中央区八重洲 2-5-14
	電話 03-6202-5200　振替 00160-2-180883
印刷・製本	壮光舎印刷
装丁	伊藤滋章
本文 DTP	エムツークリエイト

©Yutaka INOUE 2018, Printed in Japan
ISBN 978-4-306-04653-5 C3052

落丁・乱丁本はお取り替えいたします。
本書の無断複製(コピー)は著作権法上での例外を除き禁じられ
ています。また、代行業者等に依頼してスキャンやデジタル化
することは、たとえ個人や家庭内の利用を目的とする場合でも
著作権法違反です。

本書の内容に関するご意見・ご感想は下記までお寄せ下さい。
URL: http://www.kajima-publishing.co.jp/
e-mail: info@kajima-publishing.co.jp